二階俊博の新たな挑戦

森田 実
MORITA Minoru

論創社

まえがき――二階俊博の恒久平和と地球文明強靭化への挑戦

国際的、世界史的視野をもって、「困難は自分が背負う」の生き方を貫く「至誠のナンバー2実力政治家」二階俊博幹事長の世界平和と地球文明強靭化への新たなる挑戦。

「政治の目的は善が為しやすく、悪の為し難い社会をつくることにある」

（グラッドストーン）

二階俊博の政治の原点は平和主義と郷土愛にある。二階俊博は、この根本理念を貫きつつ、地球文明強靭化への新たなる挑戦を続ける。

コロナ禍が人類に突きつけたことは、地球文明が脆弱化している事実である。人類は地球文明強靭化に取り組まなければならない。国土強靭化政策を日本の国政の中心にすえた二階俊博幹事長の次の課題は、地球文明の強靭化である。二階俊博幹事長は国土強靭化とならんで、より大切な課題である「地球文明強靭化」に果敢に挑戦するであろう。それは、二階俊博が真の国際政治家である証でもある。

平和・博愛・忠恕の政治家＝二階俊博幹事長は、コロナ危機を克服し、人類が安心して生活できる安全な社会を築くために、限りなき挑戦を続けている。二階俊博幹事長は、日本の歴史においては国際的視野をもった稀有な政治家である。江戸時代末期から明治維新期に活躍した勝海舟に似ている。

二階幹事長は、国内においてナンバー2でありながらナンバー1以上の実力者となって、長期間活躍している。この意味でも稀有な政治家である。

現在、二階俊博幹事長は、自民党幹事長の最長在任記録を更新中である。

これを伝える『自由新報』記事を引用する。

〈二階俊博幹事長は、２０２０年９月８日、幹事長就任からの在職日数が１４９８日に達

し、自身が「政治の師」と仰ぐ田中角栄元総理の持つ記録を更新した。連続在職日数についても昨年8月に前尾繁三郎元衆議院議長の記録を超えており、在職期間は通算、連続とともに歴代最長となった。〉（『自由新報』令和2（2020）年9月22日号）

『自由新報』は、続けてこう記している。

〈同日、記者団から今回の記録について質問を受けた二階幹事長は、「一日一日を懸命に努力してきた結果だ。誰それの記録を塗り替えるということは一切考えたことはない」と答えた。〉

今後の党運営については、

〈「党には、政府の方針や計画を推進あるいはチェックする役割がある。今後とも政府とあうんの呼吸で対応したい」と述べた上で、「自民党は偉大な先輩方と党員の皆様が築き、

守ってきた政党だ。これからも党員の声や思いに対し、しっかり、謙虚に、真摯に向き合っていく」と強調した。〉

二階俊博幹事長はあくまで謙虚である。つねに「困難は自分が背負う、成果は人へ」の態度を貫いている。人を立て、自らは常に縁の下の力持ちの役割を果たす——これは、本来あるべき政治家の生き方である。二階俊博幹事長はこれを実行している。すべての政治家が模範とすべきことである。

『自由民主』令和２（２０２０）年9月22日号7面の「発言録」に、「幹事長在職歴代最長を受けて」の二階俊博幹事長の談話が記録されている。

〈一日一日こうして夕刻を迎えると、今日も一日終わったと、また明日頑張ろうと考える。それが積み重なって、こういうことになったのだが、誰それの記録に追いつくとか、誰それの記録を塗り替えるとか、そういうことは一切考えたことはない。皆さまから記録を更新するということを伺いまして、「ああ、そうでしたか」という感じだ。〉

さらに、こう述べた。

〈先輩たちの力で築き上げてこられた今日における全国的で立派な党組織は、多くの党員の皆さまや、そこから形成される支部によるものだ。ご承知の通り、これは一朝一夕でできるものではない。そうした意味でも、われわれは改めて謙虚に、真摯に向き合っていかなければならない。〉

自由民主党幹事長を長期間続けることは容易なことではない。長期間続けることができる政治家は、巨大な実力者でなければならない。大変なことなのである。二階俊博は、これを達成し、2021年5月現在、今なお継続している。

自由民主党の総裁の任期は3年であるが、党役員の任期は1年である。党役員人事の最終決定は総務会で行われるが、総務会は「総裁一任」を決定し、事実上総裁任命の形をとる。そうした制度のため、党役員の要のポストである幹事長を長年続けることはきわめてむずかしい。

総裁を長期間続けることも大変困難で安倍前政権のような長期政権はめずらしい。総裁が変われば幹事長も変わるのが普通である。二階俊博幹事長が、安倍晋三内閣が終わり、菅義偉内閣においてもなお連続して1500日以上もの長期間幹事長を続けるというのは、一種の奇跡である。安倍前総理、そして大多数の自民党国会議員と党員の信頼が厚いからこそ可能になったことである。それ以上に、二階俊博氏が抜群の政治能力の持ち主であり、余人をもって代え難い大人物だからである。

二階俊博幹事長は、総裁総理が交代しても、幹事長を継続している。菅義偉新総裁総理は、二階幹事長の続投を要請し、幹事長続投が決まった。菅義偉新総裁総理は安倍前政権を継承したが、最大の継承は二階俊博幹事長の続投である。これも奇跡のようなことである。

この奇跡を起こさせた要因はいろいろあるが、最大のものは二階俊博幹事長の誠実・謙虚・正義・公正を貫いてきた政治姿勢と卓越した政治力と気配りを貫く生き方である。そして、その上に、二階俊博幹事長の天才的な政治的センスがある。

幕末以後の天才的政治家として、私は、勝海舟、鈴木貫太郎、三木武吉、田中角栄と二階俊博の名をあげてきたが、この五大天才に共通する特徴は五つあると思っている。

第一に、19世紀ドイツの天才的政治家の言葉「政治は科学ではなくて術である」の中の「術」――それも卓越した「術」――を、この五大天才は心得ていた。

第二に、五人とも天才発明家エジソンの言葉「天才とは99％の発汗であり、残りの1％が閃きである」のとおりの努力家であるとともに「閃き」の持ち主である。「閃き」こそあらゆる分野の天才の必要条件である。

第三に、五人とも読心術の天才である。人の心を読み取る特異な才能をもっている。この五人は、一般国民の真の意識と感情を察知する能力とともに、政治的ライバルや交渉相手の心理を読むことができた。

第四に、五人とも人民大衆に対して「限りないやさしさ」の持ち主である。

第五に、五人ともつねに国際的、世界史的視野に立って政治判断をした。

この「術」・「閃き」・「読心術」・「やさしさ」・「世界史的視野」の五要素を、二階俊博幹事長は持っている。正確に言えば、長い間の真剣な政治活動を通じて身につけ、磨き上げたのである。

二階俊博幹事長に私が大きな期待を寄せている最大の理由の第一は、二階俊博幹事長が筋金入りの平和主義者であることにある。二階俊博幹事長は、つねに平和主義を貫いている。人類にとって最も大切なもの、そして政治にとって最も大事なこと――それは「平和を守ること」である。

二階俊博幹事長は中国、韓国などアジアの隣国との平和友好関係を大切にしている。二階俊博幹事長は、「国は引っ越しすることはできない。周辺国とは仲良くしなければならない」と言い続けている。私は何度も二階俊博幹事長のアジア近隣諸国訪問に同行した経験があり、その友好親善活動の実際をこの目で確かめてきた。日本が平和に生きるためには隣国との平和友好関係を維持し発展させなければならない。真の世界平和実現のためには絶対に欠かすことのできないことだ。二階俊博幹事長は、つねに隣国との平和友好関係維持につとめている。これが、私が二階俊博幹事長に期待する最大の理由である。

もうひとつある。二階俊博幹事長は、つねに国際的視野に立って「防災減災国土強靭化政策」を推進し、国連において「世界津波の日・11月5日」を制定することを主導した。

そして今、コロナ危機にあって人類社会全体の強靭化を進めている。ハードもソフトもともに強靭化することによって人類社会を安定させるために努力しなければならない。「強靭化」の理念を、社会資本のみではなく、「地球文明の強靭化」にまで広げる必要があると思う。二階俊博幹事長は世界史的視野に立って「人類社会の強靭化」に取り組むであろう。

二階俊博幹事長は徹底した人道主義者であり、国民大衆を愛する「善」の政治家である。つねに恵まれざる人々に目を向けている。「上善若水」〈最高の善は水のようなもの。つねに下方に流れ下方を潤し、全体に潤いをもたらす（じょうぜんみずのごとし・老子）〉の視点に立った政治を実践している。

二階俊博の師・田中角栄の政治行動の根本にあったのは、世界平和の実現とすべての人間に対する「やさしさ」であった。二階俊博は、この田中角栄の根本精神の「やさしさ」の継承者である。

本書の目的は、菅義偉新体制においても自由民主党幹事長を続けている「二階俊博幹事長の地球文明強靭化への新たな挑戦」――令和日本の課題と国際的、世界史的視野に立った恒久平和と人類社会強靭化をめざす二階俊博幹事長の理念・ビジョン――を、全国民に知っていただくことにある。

これまで私は、多くの政治家の評伝やその活動についての著作を発表してきた。二階俊博幹事長については、令和2（2020）年4月に『二階俊博幹事長論』（論創社）を刊行したばかりであるが、時日《じじつ》を経ずして、本書を上梓することになった。これは時代の激しい変化の中で、二階政治に新たな難題が登場したからである。短期間に同じ政治家について複数の著作を著すことはきわめて稀であるが、これが二階俊博幹事長と私の縁というものであろう。私は、二階俊博幹事長のことを知れば知るほど、二階俊博という政治家の偉大さを実感している。私が二つの著書で描く二階俊博像は、二階俊博という大きな森の中の、何本かの木を描写する程度に過ぎないのかもしれない。二階俊博幹事長に申し訳ないと思いながら、執筆している。前著に引き続き、二階俊博幹事長が、令和日本の新時代をどう創造しようとするのか、人類の歴史にどう貢献しようとしているか、二階俊博幹事長の真実の姿と思想と行動を国民に示したいと思う。

本書のタイトルを『二階俊博の新たな挑戦』としたのは、二階俊博が長い政治生活の中で築き上げた恒久平和への強い決意、政治の知恵と知識、政治〝勘〟、政治の術、天才的読心術、強い正義感、倫理力、つねに国際的、世界史的視野に立ち、人類全体の未来を考えて行動する知恵と能力のすべてを行使して、新時代に挑戦する「二階俊博の総決算」の時代が始まったと考えるからである。

二階俊博は筋金入りの平和主義者である。同時に強い郷土愛の持ち主である。つねに政治の原点を和歌山に置き、和歌山県民との対話を続けている。平和主義と郷土愛こそが、政治家・二階俊博の原点である。

世界はいま激動期のさなかにある。

米中対立は激化している。世界各国は米国側につくか、中国側につくかを迫られている。世界は米中対立を軸にして分裂を始めている。

日本は、今まで、安全保障は日米同盟、経済は日中協力でやってきたが、米国政府は日本政府に日米同盟重視を強く求めている。しかし日本にとって中国政府と対立する関係になることは危険である。日本は経済で立つ国だ。経済が破綻したら日本は危機に立つ。

日本は米中和解を求めて仲介外交を行い、米中対立のなかで生き残ることを追求する以外にない。

この米中和解のための仲介外交を行う政治力を持っているのは、二階俊博である。今の日本の政界で、習近平中国主席と直接対話ができる唯一の政治家である。

二階俊博は、まず米国を訪問したいと考えている。このあと二階俊博が中国を訪問すれば米中和解の第一歩を踏み出すことができる。

二階俊博は米中和解という歴史的課題に挑戦する勇気をもっていると私は確信している。

二階俊博は、また、北朝鮮を訪問する決意を表明している。二階俊博は本気である。

二階俊博はつねに身を捨てる覚悟で仕事をしている。

いま人類にとって最も大切なことは、世界平和を守り抜くことである。二階俊博はこの大事業に命がけで挑戦する。期待したい。

2021年5月

著　者

二階俊博の新たな挑戦

目次

第二章……23

二階俊博幹事長の行動理念と実像

政治の恩師・田中角栄の魂と絶えず対話し、平和と国民の幸福を探究し続ける

二階俊博の新たな挑戦

第一章

安倍前総理の突然の辞職による政治の空白を生ずることなく、円滑な政権交代を実現し、菅義偉政権生みの親となるとともに、自民党の結束力を強めた二階幹事長の非凡な手腕

「政を為すは人にあり」……（孔子）

1　戦後政治史にみる総理の病気による引退と後任選び

安倍晋三前総理は２０２０年8月末、突然、病気を理由に辞任を表明した。予想外のことだったが、政治の混乱を招くことなく、比較的円滑に後継者を選び、政権交代が完了したのは、二階俊博幹事長の熟達した政治手腕によるものだった。

ここで、第二次大戦後の内閣総理大臣の病気退陣を振り返ってみよう。

第二次大戦後、病気による引退をした最初の総理は石橋湛山だった。１９５６年末の自民党総裁選で総裁に選出され、総理大臣に就任した石橋総理は、１９５７年1月病気のため引退を決意した。後任には、石橋内閣で外相を務めていた岸信介が就任した。

この石橋政権から岸政権への転換は、日本の進路の大転換だった。石橋はアジアを重視したが、後任の岸は米国との関係を重視した。石橋が病のため岸を総理総裁代理に指名した1ヵ月後に岸内閣が発足した。

石橋とGHQとの関係はよくなかった。１９４６年吉田茂が総理に指名され、組閣した時、吉田茂は強靭な精神力の持ち主として知られた石橋湛山を大蔵大臣に任命した。石橋は失業対策を重視し、外地からの引揚者や退役軍人、失業者を積極的に政府機関、地方機関、政府企業に雇用し、給料を支払った。大蔵省にある政府資金を惜し気もなく使った。GHQは、この石橋蔵相に対し、日本政府の財政をGHQに渡すよう迫ったが、石橋蔵相は拒絶した。GHQは、石橋に不信を抱き、公職追放処分にした。GHQは石橋湛山を追放することによって、日本政府の資金を手に入れたのだった。

他方、岸信介は、A級戦犯として巣鴨刑務所に収監されている間に、たくみにGHQと接触し、自身の釈放を実現した。GHQは日本支配をする上で旧満州人派のリーダーの岸信介の力を利用しようとした。石橋と岸はGHQにとっては敵と味方だった。

石橋が病に倒れたことによって、親米派の岸信介の出番が来たのだった。後年、私が岸信介に会った時、岸信介は私に「すべては運ですね。石橋さんが病気にならなければボクの出番はなかったと思っている」と淡々と語った。

二回目は１９６４年10月。池田勇人総理は病気のため辞意を表明し、後任の総理に佐藤栄作を指名した。池田の引退声明から16日後に佐藤内閣は発足した。

三回目は１９８０年６月の大平正芳総理の急逝による総理の交代だった。後継の鈴木善幸内閣が発足したのは36日後のことだった。

四回目は２０００年４月の小渕恵三総理の急病による内閣総辞職だった。この時は後継の森喜朗内閣は翌日発足した。交代は早かった。

五回目が２００７年９月の安倍晋三総理の病気による突然の引退だった。後継の福田康夫内閣は16日後に発足した。

六回目が２０２０年8月末の安倍総理の突然の病気による辞意表明と菅義偉総理への転換である。菅義偉内閣は安倍氏の辞意表明から20日後に発足した。

以上六回の病気による総理引退と後継者の決定はいずれも敏速に行われた。最短は小渕内閣から森内閣への転換であり、最長は大平内閣から鈴木内閣への転換だった。この時に時間がかかった原因は後継総理への就任を求められた宮澤喜一や伊東正義が総理就任を断ったことにあった。鈴木善幸は宮澤らが総理就任を辞退した結果、総理になった。

ただし、２０２０年の総理交代と過去の実例との間には大きな違いがある。過去においては引退した総理が国民の前に元気な姿を見せることはなかった。石橋総理は、その後健康を回復したが、長い時間がかかった。安倍総理（第一次）はしばらくの療養後に復活した。病気で引退した総理が再び総理の座についたのは安倍晋三氏だけであったが、五年かかった。

２０２０年の安倍総理は病気を理由にして総理を辞任したが、後継の菅義偉総理が誕生する日まで総理として活動した。菅義偉内閣発足後も安倍晋三前総理は、健康な時と変わらず議員として政治活動を続けている。最近では政界の一部に再々度の復活説まで出ていた。本当に病気だったのか、という声すら出るほど元気な姿を見せていた。しかし、「桜を見る会」をめぐる安倍事務所の政治資金問題が検察当局の捜査対象になったことが明らかになり、安倍晋三の三度の総理総裁の話は消えかかっている。安倍晋三の政治生命は絶たれたとの見方が大勢である。菅総理は、安倍前総理から自立するチャンスを得た。菅総理は、このチャンスをどう活用するか、注目すべきところである。

安倍晋三氏以外の総理は、元気な姿で再び国民の前に現れることはなかった。

過去の病気引退による総理の交代は敏速には行われたが、かなり無理をしたため、党内にしこりを残すことが多かった。しかし、2020年8月〜9月の安倍総理から菅総理への転換は、党則にもとづいて整然と実行され党内に大きな不満・不信やトラブル、しこりを残すことなく、円滑に行われた。

安倍から菅への転換が円滑に行われたのは、安倍前総理から総理総裁交代のすべてを委ねられた二階俊博幹事長の老練な党運営によるものだった。

一部に全党員による投票を省略したことへの苦情はあったが、二階俊博幹事長がとった措置は、党規約に則ったものであり、間もなく、この不満は沈静化した。コロナ禍と政治空白を憂慮する多くの党員の意識の方が強かった。大多数の党員は二階幹事長の処置を受け入れた。

党員投票を求める党員には、各県連が予備投票の機会を設け、その結果を各県連の投票行動の基準にした。地方組織と一般党員の間の不満はほとんど解消されたとみてよいと思う。

2020年の総理交代の二階俊博幹事長による処理は、成功した。この最大の原因は、二階俊博幹事長の高度に円熟した指導力によるものであった。敏速な動きが功を奏した。

安倍晋三総理から菅義偉総理への転換において、安倍総理からすべてを任された二階俊博幹事長の果たした役割はきわめて大きかった。

報道機関は二階俊博幹事長が菅義偉総理誕生の流れを先導した点にのみ注目しているが、それは業績の中の一つである。

二階俊博幹事長の最大の功績は、党運営を公平に行い、不満やしこりを残さないように処理した点にあった。自民党内の「和」は維持された。

二階俊博幹事長は、菅義偉を総裁総理にするべく積極的に動いたのは、安倍前総理の突然の病気退陣による政権党の混乱を最小限にするためには、安倍前総理と一体となって政府を運営してきた菅義偉前官房長官が最良だと判断したからだった。これにより混乱は避けられた。

総裁選後、三位となった石破茂と石破派の幹部からの不満の声はほとんど出なかった。石破茂は、敗北の責任をとって石破派（水月会）会長を辞任したが、これは石破氏の誠実さ、真面目さの証拠であると私は感じた。石破派は集団指導体制のもとで存続することになった。石破派事務総長だった田村憲久衆議院議員は菅内閣の厚生労働大臣に任命された。

党内の団結は保たれた。

二位となった岸田文雄と岸田派の議員の不満の声もあまり耳にしない。岸田派からは平井卓也と上川陽子の二人の衆議院議員が入閣し、挙党体制は維持された。岸田文雄は次へ向かって動き出している。

安倍前政権から菅政権への移行は平和的に円滑に行われ、しこりはほとんど残ることはなかった。これは政治の空白、混乱を最小化することを心掛けた二階俊博幹事長の優れた手腕によるものであり、二階幹事長の功績として評価すべきであると思う。一部のマスコミは、二階幹事長の力が強すぎるから、これを抑制するために二階幹事長包囲網の形成を煽っているが、愚かである。

大切なのは挙党体制であり、全党の協力である。二階俊博幹事長は党の団結を守るため日夜努力している。

2　世界が注目した日本政界の20日間［8月28日〜9月16日］

安倍前総理の辞意表明が突然だったため、辞任報道は世界を驚かせた。安倍辞任から菅総理誕生の経過を振り返ってみる。

２０２０年８月28日、安倍総理は総理官邸で記者会見を行い、総理大臣を辞任すると表明した。同時に、総理辞任後の処理を二階俊博幹事長に一任した。

自民党は、８月28日に臨時役員会をひらき、安倍晋三総裁の後継を選ぶ総裁選の方式や日程を二階俊博幹事長に一任すること、具体的方針は９月１日の総務会で決めることを確認した。

二階俊博幹事長は、総裁選について「緊急を要するなどの状況によって党員がやむを得ないと考えるなら緊急の措置を講じていく」と語り、「緊急時は党大会に代わる両院議員総会で総裁選の投開票を実施する」との考えを示した。

8月29日、二階俊博幹事長と菅義偉内閣官房長官が会談した。この日、東京・赤坂の衆議院議員宿舎の一室で、菅義偉長官と二階俊博幹事長、林幹雄幹事長代理、森山裕国会対策委員長の四者会談が行われた。この席で、菅義偉長官が総裁選出馬の決意を表明した、と報道された。

8月30日、菅長官は「コロナ対策や経済対策をしっかりやりたい」と語った。この談話は党内では総裁選出馬の決意表明と理解された。

9月1日午前、自民党は総務会を開き、安倍晋三総裁の後継を選ぶ総裁選に関し全国一斉の党員投票を見送り両院議員総会で選出することを決定した。二階俊博幹事長は、国会議員と都道府県代表者に限った投票で選ぶ方針について「一日も早く、早急に新体制を確立する必要がある。緊急を要することから両院議員総会での選挙をお願いしたい」と述べた。

9月2日、二階派（志帥会）は、菅義偉官房長官に総裁選出馬を求める要請書を手渡した。二階俊博幹事長は二階派（志帥会）会長であるが、二階派の運営は河村建夫会長代行に任せていた。二階派の活動を主導したのは河村建夫会長代行だった。

9月2日、自民党の細田派、麻生派、竹下派の三会長はそろって記者会見し、総裁選で菅義偉内閣官房長官を支持すると表明した。これにより菅義偉を次の総裁にする流れが決定的となった。

9月8日、二階俊博幹事長は、党本部で記者団に、早期の衆院解散・総選挙について慎重な見解を示し、マスコミと野党の間で広まっていた「早期解散・10月25日投開票」説にブレーキをかけた。二階俊博幹事長は、衆議院解散は総理の専権事項だと断った上で「いま早急に国民に問う課題があるわけではない。慌てる必要はない。党から（解散を）やって下さいと言う状況ではない」と語り、マスコミが流布する早期解散説に影響されている若手議員に落ち着くよう求めた。二階俊博幹事長がコロナ禍での衆院解散に慎重論を示したのは、当然のことだった。さらに新総裁総理による党役員人事と組閣について「一番大事なことだから新総理が考えて相談があればサポートする」と述べ、あくまで総理を支える姿勢を示した。

9月14日、自民党は新総裁を選ぶため、両院議員総会を開催。菅義偉が自民党新総裁に選出された。

安倍晋三前総裁は「任期途中の辞任を謝罪し、急な総裁選となり、二階俊博幹事長を中心に整然と総裁選を挙行していただいたことに御礼を申し上げる」と述べた。安倍から菅への総裁交代は、スムースに行なわれた。

菅義偉新総裁は、総裁就任後の記者会見で麻生太郎副総理・財務相と二階俊博幹事長について「内閣そして党の要だ。政権運営において極めて重要な二人である」と述べ、両氏の再任を示唆した。

9月15日、自民党は臨時総務会を開き党の新役員人事を決定。二階俊博幹事長は再任された。総務会長、政調会長、選対委員長は交代した。再任された二階俊博幹事長は、早期の解散総選挙について問われ「総理自身が決断することだ。重大な政治問題だから菅義偉新総裁とも十分日常から意見を交わしながら円満な党運営に腐心したい」と述べ、総理と幹事長が一体であることを強調した。

同時に、党の団結を訴え「党内の小競りあいなどは絶対に生じてはならない。党が一丸となって協力し合い、党を盛り立て、国民の期待に応えることが大事だ」と強調した。

9月16日臨時国会開会。衆参両院とも菅義偉自民党新総裁を第99代内閣総理大臣に指名した。翌日、菅義偉新内閣の組閣も終わり、菅新内閣が発足した。

9月17日、二階俊博幹事長は石破派の政治資金パーティで講演し「菅義偉新総理のもと、一致団結して国を前に進めないといけない」と述べ、党内の結束を呼びかけた。石破茂に対しては「新しい時代を担う任務が課せられている」と激励した。同時に、中国との友好関係の必要性を強調した。

同日、二階俊博幹事長は竹下派会長代行の茂木敏充外相と会談し、今後の政局運営について意見を交換した。

9月18日、新総理を選出するために招集された臨時国会は閉幕した。

8月28日の突然の安倍晋三前総理の辞任表明から二十日間、日本の政治動向は世界中から注目されたが、混乱なく安倍晋三前政権から菅義偉新政権への円滑なバトンタッチが行われた。二階俊博幹事長の熟達した党運営によって、政権交代という難事業を無事に乗り切ることができた。

二階俊博幹事長は、菅義偉の本心を見抜いて、絶妙のタイミングで、菅義偉の本心を引き出し、菅義偉総理総裁への道を開いた。菅義偉は安倍晋三政権のナンバー2に徹し、ナンバー1への野心を否定し続けてきたが、二階俊博幹事長は、菅義偉が政権を担う強い意志を持っていることを見抜いていた。二階俊博幹事長には人の心を読み取る能力があることが、ここにおいても証明された。

二階俊博幹事長は連立のパートナーの公明党との関係の重要性に鑑み、公明党幹部と頻繁に連絡を取り合っている。二階俊博執行部と公明党執行部の信頼関係は盤石である。

二階俊博幹事長は、閣僚、国会役員人事、党役員人事についてもきめ細かに配慮し、不満解消につとめた。人事については指導者の細やかな配慮は欠かせない。二階俊博幹事長の細心の気配りが人事に対する自民党内の不満の鬱積の解消に繋がった。

2020年9月末までに、国会の役員人事、政府の副大臣・政務官人事、党の役員人事が完了したが、党内に目立った不満はみられなし。人事も円満、円滑に行われたとみてよい。繰り返すが、二階俊博幹事長の抜群のすぐれた政治的手腕に負うところ大である。

安倍晋三政権について、自民党内においては「安倍・麻生・菅体制」と言われたが、菅義偉政権を「菅＝二階体制」と呼ぶ者は少なくない。菅義偉新総理は、大事なことは二階俊博幹事長と相談して決めることになる。菅総理と二階幹事長の一体的関係が崩れることになれば、菅内閣は危機に立つことになる。このことを菅義偉総理も二階俊博幹事長も、よくわかっていると思う。

3　常に伝わる言葉で政治を語る二階俊博幹事長

二階俊博幹事長は、常に分かりやすい言葉で政治を語り、国民一人ひとりのもとに、政治課題をきちんと伝達してきた。今回の菅義偉新政権誕生に伴い、これから1年以内に実施される衆院選挙や自由民主党としての党活動をどのように進めていくべきかを、自由民主党の機関紙『自由民主』（2020年10月20日号）のインタビューに答えている。党機関紙なので、一次的には自民党員を対象に語ってはいるが、党員以外の一般国民に対しても重要なメッセージを含んでいる内容だと私は思うので、ここにインタビュー全文を転載したい。

歴代最長となる5期目の任期を担う二階幹事長。安倍政権から菅政権へのバトンタッチされたなかで、引き続き党運営の要として采配を振るうこととなった。二階幹事長に1年以内に行われる衆院総選挙に向けた決意や、党の基盤となる党員獲得に向けた熱い思いを聞いた。

――幹事長5期目となる抱負は。

二階　今回も1期目と変わらぬ新鮮な気持ちで望み、円満な党運営に努めていきます。「国民のために政治を行う」という決意を日々新たにし、党運営にまい進しているところです。

――菅内閣は10月16日で発足から1ヵ月を迎えます。これまでの歩みを幹事長はどのように見ていますか。

二階　まずは、順調にスタートしたと思います。政治は一刻の空白も許されません。党員・党友の皆様のご協力により総裁選挙が速やかに行われ、安倍政権を継承する菅政権が誕生しました。「国民のために働く内閣」を掲げて、スピード感を持って仕事に取り組んでいます。われわれも全力でこれを支えて、菅総理が目指す国づくりに一緒になって取り組んでいきます。

――臨時国会も今月中に招集されます。

二階　まずは、新型コロナウイルス対策など国民の皆様が不安に感じていることに対して、分かりやすく政府与党からのメッセージが伝わる国会にしなければなりません。

感染拡大防止と経済活動の両立は容易なことではありませんが、一つ一つの課題が着実に前進している姿を国民の皆様にお示しするような国会となるよう、わが党は公明党との緊密な連携のもと、全力を挙げていきます。

また、相次ぐ自然災害に対する万全の備えはできているか。防災・減災、国土強靭化に対する国民の期待は依然として大きなものがあると考えています。国会審議、また年末に向けた令和3年度予算の中で、国民の皆さまに安心していただけるような力強いメッセージを届けたいと考えています。

――令和2年党員の獲得期間は今年末ですが、党員獲得に向けた幹事長の決意は。

二階　党員・党友は党組織の礎となるものです。全国の党員・党友の皆さんが一丸となって、一生懸命汗をかいて仲間を増やしていく。こうした日々の努力を結実させて、何としても「120万党員」を実現させたいと考えています。

まさに「総力結集」の意気込みで党員獲得運動を前進させたいと考えています。皆さんの格段のご協力をお願いします。

――衆院議員の任期まであと約一年です。解散総選挙に向けた思いは。

二階　私はかねて「明日解散になってもいいように準備している」と言っていますが、来る衆院総選挙に向けて常在戦場の心構えでいます。

これまで7年8カ月にわたって政治の安定をもたらし、多くの諸課題に結果を残してきた安倍政権の実績と、菅政権としてその実績をさらに継承・発展させていく姿を国民の皆さんに分かりやすくお示しして、理解を得ていきたいと思います。

有権者との絆は一朝一夕ではできません。日々の活動の中で、一人一人が自覚を持って取り組まねばなりません。最後は候補者となる議員・支部長の熱意がどれだけ有権者の皆様にご理解いただき、広げることができるかが大切です。泣いても笑ってもあと一年ですから、必死の取り組みを全国各地で展開して、党一丸となって勝利に向けて突き進んでいきたいと考えています。

二階俊博幹事長は、菅新政権がスムースにスタートし、政治空白が起きなかったことを指摘し、国民が不安に思っている「新型コロナウイルス対策」への対応、そして連立を組む公明党との連携の大切さを、明快に述べている。この明快さ、分かりやすさは二階俊博幹事長の真骨頂である。

「巧言令色鮮《すくな》し仁」という言葉がある。「言葉巧みに取り繕って人に気に入られようとする者には、仁の心が欠けている」という意味だが、インタビューに応える二階俊博幹事長は、このまったく逆で、言葉に真心があり、魂が込められている。二階俊博幹事長は「剛毅木訥《ぼくとつ》仁に近し」タイプの政治家である。つねに「沈黙は金」の生き方を貫いている。この『自由民主』のインタビューでの発言は、誠実で分かりやすい言葉で核心を突いていて明快である。国民へのメッセージとして極めてすぐれた発言である。

二階俊博幹事長は5期目を担うにあたって、次のように語っている。あくまで謙虚である。

《この度の当役員人事で幹事長職という重責を、引き続き担わせていただくことになりま

した。5期目となる今回も1期目の就任当初と変わらない新鮮な気持ちで臨み、党務を預かる幹事長として菅義偉新総裁をしっかりと支え、円満な党運営に努めてまいります。

わが国は新型コロナウイルス感染症対策と社会経済活動の両立や、相次ぐ自然災害への対応などの諸課題に直面しており、政治は一刻の空白を生じさせることも許されません。わが党は、類まれなる指導力で国のかじ取りを担われてきた安倍晋三前総理・総裁の取り組みを継承しつつ「国民のために働く内閣」を基本に掲げる菅内閣を一致結束して支え、国民のための政治を行う覚悟です。

衆院議員の任期は残すところ約1年半となりました。来る衆院総選挙に向けて常在戦場の心構えで党活動に取り組んでまいります。党員・党友はじめ皆さまの一層のご支援を賜りますよう心よりお願い申し上げます。》

2021年は、世界も日本も歴史的大変動期になっている。コロナ禍、異常な天災、世界情勢の不安定化、世界経済の危機、経済的社会的格差増大による社会的紛争の激化……等々、政治課題は果てしなく多い。この状況の中で衆議院選挙が実施される。菅義偉総理にとっても二階俊博幹事長にとっても、大きな試練の時である。二階俊博幹事長の天才的政治手腕が存分に発揮されなければならない。自由民主党全体が二階俊博幹事長のもとに結集し総力を結集できるか否かに、菅政権だけでなく自公連立政権の未来がかかっている。

二階俊博幹事長は、日本の国内政治の要であるが、つねに世界に目を向けている。

二階俊博幹事長は、世界の恒久平和の実現のために努力してきた平和の政治家である。同時に自然災害や今回の新型コロナウィルス感染症から人類の生命と生活を守るために人類社会の強靭化に挑戦している。

恒久平和と人類社会強靭化のための国際協力を実現し、その中で日本国民の安寧を図り、平和の中で国際社会から尊敬される日本を築くことが、二階俊博幹事長の理想である。

二階俊博「老いてますます壮《さか》んなるべし」である。

第二章

二階俊博幹事長の行動理念と実像

政治の恩師・田中角栄の魂と絶えず対話し、平和と国民の幸福を探究し続ける

「博愛を実践するには、最大の勇気が必要である」……………………（ガンジー）

1　二階俊博は「田中角栄政治の継承者である」との自覚のもとに国民大衆への愛を貫く政治活動を行ってきた

１９６０年代から70年代初期にかけて、私は田中角栄に数回会った。集団取材がほとんどだったが、かなり近いところで話を聞いた。ざっくばらんで自然体。大きくて善なる人だった。田中角栄が政治の表舞台に登場したのは岸信介内閣、池田勇人内閣、佐藤栄作内閣の時代だった。佐藤栄作のあと、総理になった。

田中角栄は１９５８年岸信介内閣の郵政大臣に就任した。池田勇人内閣時代には自民党政調会長になり辣腕を発揮した。自民党においては政調会長の地位はかなり高いが、これは田中角栄政調会長の時代に確立した。田中角栄は政調会長を幹事長に次ぐ有力な役職に押し上げた。

その後大蔵大臣、自民党幹事長、通産大臣を経て、１９７２年に内閣総理大臣になった。この時期、主として新聞社ＯＢの会での集団取材の場で、数回、田中角栄の話を聞いた。

新聞記者OBやベテラン記者の人気は高かった。政治記者OBの政治評論家とも親しかった。人柄はさわやかで、偉ぶったり威張ったりはしなかった。

１９７２年７月内閣総理大臣に就任した時は「今太閤」と言われ、人気は爆発した。高学歴の者しか総理大臣になれないという空気のなかで、高等小学校出の総理が誕生したことは、国民に大きな希望を与えた。

同年９月末には北京に飛び、周恩来、毛沢東と会談し、日中国交樹立を実現した。田中人気はさらに上がった。

田中角栄と近くで会ったのは１９７４年の１月２日に総理官邸で行われた総理主催の新年会においてだったと記憶している。運よくごく近くで懇談することができた。能弁で、聴く人をよく笑わせていた。好人物そのものだった。

田中角栄についての私の印象をいえば、政界において実力者になるに従って顔付が変わりいい顔になったことだった。雑念のない明朗で素直な人物だった。

１９７２年に内閣総理大臣になる直前。通産省の知人から「日本列島改造論」の研究会に誘われ、参加した。田中角栄が内閣総理大臣に就任した時『日本列島改造論』がベストセラーになった。中味を研究してみたが大変すぐれた構想だと感じて協力した。とくに「大都市の過密と田舎の過疎の同時的解消」の構想は大変すぐれた着想だと感じ、田中角栄の構想を肯定する立場で何本か評論を書いたが、あまり注目されなかった。

ところが、田中角栄政治が好調だった1973年10月に起きた第四次中東戦争の勃発で、世界政治に大変化が起きた。石油危機である。世界的大インフレが起き、日本も大インフレに捲き込まれ、日本列島改造論を推進することが不可能になった。この大インフレで田中角栄の積極経済政策は挫折した。1974年夏の参議院議員選挙で自民党は大敗北を喫し、秋には退陣せざるを得なくなった。はじめは、強力な内閣と期待されたが、石油危機に潰された。

総理辞職後、政治的に苦境にあった田中角栄に追い打ちをかけたのが、アメリカの支配階層が仕掛けたロッキード事件で、マスコミから袋叩きにされた。当時の三木武夫内閣はアメリカの仕掛けを利用した。政敵・田中角栄を検察に逮捕させた。三木武夫内閣のしたことは、政敵であっても徹底的に追いつめないという保守政治の伝統的流儀を無視した行為であり、明らかにやり過ぎだった。保守政治においては政敵に対して冷酷な対応は慎むべきことである。

この後の田中角栄は自らの名誉回復のために闘い続けたが、病のため、被告人の立場におかれたまま、この世を去った。アメリカ政府と従米的な日本政界は偉大な政治家を切り捨てた。

私は、この間、田中角栄研究を続け、総合雑誌などに田中角栄論を書き続けた。私は、田中角栄に深いシンパシーを感じていただけでなく、米国支配層と三木武夫内閣による田中角栄への迫害は不当なものだとの考えに立っていたので、反田中角栄一色のマスコミの中で独自の道を進んだ。

この頃、私は、毎月、総合雑誌に原稿を書いていたが、田中角栄に関することが多く、田中角栄研究のため新潟県へ数十回通い、新潟県民とくに新潟三区の有権者を取材した。田畑で働く農家の主婦などから田中角栄のことを話してもらったこともある。数百人の話を聴いた。その結果、新潟県民の田中角栄に対する敬愛の深さを知り、田中角栄の偉大さを知った。

当時、私は、田中角栄内閣時代初期の自民党幹事長の橋本登美三郎と田中角栄側近の衆議院議員・奥田敬和と親しくなった。二人とも硬派の立派な政治家で、私の自民党取材を助けてくれた。橋本登美三郎はロッキード事件で被告の立場に立たされ晩年は不幸だったが、私は当時も今も冤罪だと思っている。５歳年長の奥田敬和は、私にとって兄のごとき存在ですばらしい人物だった。私的な集まりにも呼んでくれた。後に総理になった羽田孜が一緒のことが多かった。羽田孜も二階俊博も性格が真っ直ぐで誠実な人物だった。

二階俊博のことを知ったのは奥田敬和を通じてであった。奥田敬和は、田中派幹部として田中角栄から国政初出馬時代の二階俊博の担当を命じられた、と私に語ったことがある。田中角栄は、二階俊博が衆議院議員になる前から注目していた。田中角栄は二階俊博のすぐれた政治家としての資質に気づいていたのだ。「田中角栄が衆議院初出馬の新人政治家にあらかじめ注目するようなことはめずらしいことだった」と奥田敬和は私に語った。田中角栄は二階俊博のすぐれた政治家としての能力と可能性を見抜いていたのだろう。

田中角栄と二階俊博の関係を考える時、いつも思い出す言葉がある。

ドイツの偉大な詩人ハイネの「偉大な天才は他の偉大な天才によってつくられる」という言葉である。

田中角栄の晩年は不幸だったが、四十年後の日本のため、二階俊博という天才的政治家を遺したといえるかもしれない。

田中角栄は日本国民を愛し、郷土を愛し、平和を愛し、人々の幸福のために、そして差別をなくすために戦い抜いた政治家である。二階俊博も同じである。この意味で二階俊博は、この田中角栄政治の継承者である。二階俊博の政治活動根本にあるのは田中角栄と同じ平和・慈悲・忠恕である。

『月刊日本』の２０２０年11号に「いま角栄先生ならどう考えるか」と題する二階俊博のインタビューが掲載されている。このなかで、二階はこう述べている。

「田中角栄先生は常に心根の優しい立派な政治家でした。田中先生は人々に対して、特に恵まれない立場の人々に対して愛情を持っておりました。それは素晴らしいことだと思います。我々は尊敬をもって『この人とならついていける』、こういう気持ちで田中先生にお仕えしてまいりました。いまもその気持は変っていません。なにかあったとき、『田中

先生ならどう考えるであろうか』と立ち止まって考えることが私の習わしになっています。」

田中角栄は地方を大事にした。二階俊博も同じである。二階はこう語っている。（『月刊日本』2020年11月号）。

「政治は何よりもまず地方、あるいはまだ発展途上の地域のために、どういうエネルギーを発揮していくかということが大事です。自民党はそのことに伝統的に取り組んできた党です。これからも地元のみなさんと一緒になって地域を盛り上げていく努力をしていきたい。その総合力が国土の発展につながると考えています、自民党はいかなる地域も見放すことはしません。」

田中角栄は中国との国交樹立を実現した。田中角栄はアジアを大事にした。平和主義者だった。二階はこの点でも田中角栄政治の継承者である。こう語っている。

「日本と中国は（中略）お互いに協力し合い、国際社会で自らの実力や実績に相応しい行動をとるべきだと思います。日中が力を合わせれば、国際社会において重要な役割を担えるだけの条件が整っているわけですから、両国は力を尽くし、国際的期待に応えていくべきです。」（『月刊日本』２０２０年11月号）

二階俊博幹事長は党外交に熱心である。こう語っている。

「自民党は自民党でしっかり外交に取り組み、政府を側面から支えていきたいと思っています。私もしかるべき時期が来れば、アメリカや中国を含め、同志とともに外国を訪問したいと考えています。」（出典・同前）

二階俊博幹事長は、政府外交を補完する目的をもって、党独自の外交を展開する決意である。二階俊博幹事長の党外交、議員外交は注目すべきことである。

2　礼儀正しく、生きる達人

二階俊博と親交を積んだ者は、皆、二階俊博が誠実すぎるほど誠実な気配り名人であり、卓越した人情家だと感じていると思う。人間関係の達人である。つねに真心がある。親切である。私は二階俊博と交際し始めた時から、つねに頭から離れない本があった。『菜根譚』である。『菜根譚』はすぐれた人間関係に関する教科書である。私は、はじめは二階俊博はこの本を学んですぐれた生き方をしているのではないかと考えた。

戦後、多くの政治家や経営者がこの本を読み人間関係のあり方を学んだ。田中角栄も松下幸之助も愛読したといわれる。一般教養書としても広く読まれてきた。

『菜根譚』は明の洪自誠の書だ。この書名は宋の汪信民の「菜根を咬み得れば百事做すべし」からとったもので、意味は、淡白に甘んじ、物質に心を奪われず、貧困に安んじて人生を送れば、困ることがない、というもの。著者の洪自誠は儒学、老荘思想、仏教に通じていた。

二階俊博は読書家である。一度だけ一緒に神田の著名な古書店に行ったことがあった。二階俊博は神田神保町古書街の常連である。その店で私も何冊かの本を購入したが、二階俊博は数十冊の本を買っていた。それも歴史、文化、学術、芸術など広い分野の本だった。二階俊博は大変な読書家であるが、本人は自らが読書家であると自ら語ったことはない。中国古典にも通じている。

『菜根譚』に書かれていることは、多くの人々が知っているが、しかし、これらの言葉を自らの血肉とし、日常的に実践している者は少ない。じつは私もその一人である。「論語読みの論語知らず」であり、「菜根譚読みの菜根譚知らず」である。

しかし二階俊博は身につけていて日常的に実践している、と私は感じた。すごい人だと思った。だが、これは私の勝手な思い込みだった。二階俊博の近くにいた人々に聞いてみたところ、二階俊博は幼少年期から処世術の達人だった、とのことである。青年期に、完璧な人間関係術を身につけていたとのことである。

二階俊博の人生の教師は父と母だった。二階俊博の両親は、ともに偉大な人格者であり、人民大衆を愛し、地域のために貢献し続けた「聖人」ともいうべき模範的偉人だった。二階俊博は幼少の頃から、偉大な父と母から品格ある礼節を学んだのである。

ここで『菜根譚』の中身をみてみよう。

『菜根譚』のなかで、経営者のセミナーなどでとくに多く教えられてきた言葉がある。主なものを紹介する（現代語訳）。


「人間関係では、好き嫌いの感情を、表に出し過ぎてはならない。」

「善悪や賢愚を問わず、みな受け入れていくだけの、包容力を持ちたい。」

「成功は常に苦心の中に在り。」

「失敗は多く得意の時に因ることを覚えるべし。」

「人の過失をとがめる人は、それがすべて自分を傷つける、刃物となることを知るべし。」

「彼が富の力でくるならば、私は仁の徳をもって対抗し、彼が名誉でくるなら、私は正しい道をもって対抗する。」

「太陽が沈んでしまっても、それでもなお夕映えは美しく輝いている。だから、人生の晩年にあたって、君子たる者は、さらに精神を百倍にも奮い立たせて、立派に生きるようにすべきである。」

「おいしい食べ物は、自分の分を三分くらいに減らして、相手に譲ってやるこのような心がけこそ、この世に生きていく上で、一つの極めて安らかで、楽しい方法である」

「人が世の中で生きていく時には、自分から一歩をゆずることが、それがそのまま、次の一歩を進める根本となる。」

「幸福は求めようとして求められるものではない。常に喜びの気持をもって暮らすこと、これが幸福を呼び込む道である。」

「他人の過ちには寛大であれ、しかし自分の過ちには厳しくなければならない。自分の苦しみには歯をくいしばれ、しかし、他人の苦しみを見過ごしてはならない。」

「人の小さな過失は咎めない。隠し事は暴かない。古傷は忘れる。他人に対してこれら三つのことを心がければ、自分の人格を高めるだけでなく、ひとの恨みをかうことがない。」

「家族の者が過ちを犯した時は、怒鳴りつけてはならないし、黙って見て見ぬふりをしてもならない。他のことにかこつけて、それとなく戒めるのが良い。それでも効果がない時は、時間をおいてまた別の機会に注意すればよい。」

「人格が主人で才能は召使いにすぎない。たとえ能力に恵まれても人格が伴わないのは、主人のいない家で、召使いが勝手にふるまうようなもの。これでは妖怪変化の巣窟と化してしまう。」

「我が身をいつもあくせくする必要のない状態においておけば、世間の思惑がどうあろうと、いささかも動揺させられることはない。我が心を、いつも静かな境地に落ち着かせておけば、世間の評価がどうあろうと、それによって少しもかき乱されることはない。」

「八方ふさがりの状態になっても、あきらめて抜け出してはならない。」

「人を陥れたりだましたりする策略や駆け引きのたぐいを知らない人は、たしかに賢明である。しかし、こうした権謀術数を知りながらも、それを使わない生き方ができる人にこそ、実はもっとも賢明なのである。」

「つまらない人間からは、むしろ嫌われたほうがよい。彼らにこびへつらわれるよりもよっぽどましだ。人格者からは、厳しく叱られたほうがよい。」

「人に与えた恩は忘れてしまうほうがよい。しかし、かけた迷惑を忘れてはならない。人から受けた恩は忘れてはならない。しかし、受けた恨みは忘れてしまうべきだ。」

「素直に反省のできる人は、あらゆる経験や体験をすべて自分磨きの良薬にできる。一方、人に責任を転嫁してしまう人は、何の成長も得られず、だめな人間になってしまう。」

以上の『菜根譚』の言葉は経営セミナーなどでよく教えられたものである。

これらの言葉自体はよく知られている。だが、これをしっかり身につけ、日常的に実践している者は、きわめて少ない。

二階俊博幹事長は『菜根譚』の教えをしっかりと身につけて日常的に実践していることによって、人生の達人だといわれている、と私は思っていた。

二階俊博が『菜根譚』をしっかりと学び、実践していると思ったのは、私の錯覚だった。二階俊博は、若い時から、『菜根譚』を読むずっと以前から『菜根譚』に書いてあることを実践してきたのである。

二階俊博と絶えず行動を共にしてきた鶴保庸介（参議院議員）は、「二階先生には、その行動の原理について、かなり細かいルールを、自分で持っていて、実行している」と語った。鶴保庸介は、つねに二階俊博を政治上の師として、一緒に生きてきた同志である。二階俊博のことをよく知っている。

二階俊博は、周囲の人々から「聖人」と呼ばれるような両親から学び、両親の教えにもとづいて、自ら作成した道徳的な行動原理を実践してきた。その行動原理は『菜根譚』とほとんど同じ道徳的生き方である。驚くべきことである。二階俊博は、天才であると私は思う。

3　二階俊博は田中角栄とともに中国では超有名人である

数年前、私は、中国通のジャーナリストの友人に誘われて中国・山東省の済南市にある山東大学で行なわれた日中関係に関するシンポジウムに出席し、日中関係について短いスピーチをした。この会議には、中国の著名な学者、中国共産党幹部、軍関係者も出席していた。

当時は、日本の野田佳彦民主党政権が、中国政府の強い反対を無視して、日本政府による尖閣諸島の国有化を強引に行った直後で、日中関係が極度に緊張した時だった。このため、日中関係への関心が非常に高くなっていた。中国側は私の発言に注目した。この時、私は、いくつかのシンポジウムに招かれ報告を求められた。このほか、山東大学大学院の学生への講義も行った。

中国へ出発する直前、中国で著名な二階俊博に「中国へのメッセージ」を書いてもらい、これを集会で披露したところ、二階俊博についての質問を受けた。この時、二階俊博の名を中国人のほとんどが知っている事実を、中国側から教えられた。ある学者は、「中国で一番有名な日本人は『田中角栄』と『二階俊博』だ」と言った。中国人の多くは田中角栄と二階俊博に好意をもっている、ということを実感した。

田中角栄は1972年の日中国交樹立の時の日本の総理大臣で、当時の中国の指導者の毛沢東と周恩来と会談したことは、中国で大きく報道された。マスコミでも繰り返し報道された。このため田中角栄は中国において最も著名な日本人となった。

二階俊博は田中角栄と並んで中国で有名な日本人なのだ。「どうして多くの中国人は二階俊博の名をよく知っているのですか」と尋ねると、中国人は、「四川大震災の直後に、二階俊博先生はすぐに大量の救援物資を持って助けに来てくれた。作業服姿で危険な災害現場に入り、被災者を見舞い、励ましてくれた。この二階俊博先生の姿は、マスコミで中国全土に繰り返し報道された。こうして中国人は、二階俊博先生の名を知った」と話してくれた。

「二階俊博先生は中国人が困った時は、すぐに日本から飛んできてくれる。以前、中国でSARS（サーズ）が流行した時、日本の著名な政治家三人が、北京市内を歩き回って、北京市内が安全であることを証明してくれた。」と中国人たちは語る。三人とは、山崎拓（当時自民党幹事長）と冬柴鐵三（当時公明党幹事長）と二階俊博（当時保守党幹事長）だった。

「この三先生は、日本に帰国した時に、SARSウィルスに感染しているおそれがあるということで、国会に入ることができなかったそうだが、三人は北京市民を安心させてくれた。三人は中国にとって大恩人。二階俊博先生は、その後も、中国人が困っている時に助けに来てくれる。だから、マスコミは二階先生に注目し、報道する。二階先生はいまは最も著名な日本人である」と続けた。

2015年に二階俊博（当時自民党総務会長）は、3000人の日本国民代表団を率いて北京を訪問し、習近平国家主席と会談した。その直後に会った中国人学者は、私にこう言った。

「中国指導部内では自民党総務会長という立場にある二階俊博先生に、習近平主席が会うことが良いかどうか議論があったが、決め手になったのが、二階俊博先生の中国における知名度の高さだったのではないか。とくに四川大震災の時に、すぐに大量の救援物資を持って見舞いに来てくれたこと、これが中国人民によく知られていたことが、習近平主席が二階先生に会う決め手になったと思う。二階先生は中国人にとって特別な存在なのだ。」

四川省において四川大震災の犠牲者の慰霊葬が成都市で行われた時、私も参加したが、日本代表団長の二階俊博に対する中国側の尊敬は、尋常なものではないことを、この目で見た。

いま菅総理が訪中すれば、習近平主席との首脳会談はできるだろうが、しかし中身のある議論はむずかしいのではないか、と私は思う。中国の指導者たちは日本の指導的政治家の日頃の言動をよく知っている。安倍前総理が訪中すれば習近平主席と会談するが、形式的な話し合いになっていた。

だが、二階俊博幹事長が訪中したならば、習近平主席と中身のある話し合いができる。天皇、菅総理、二階幹事長以外の日本人が訪中しても、習近平主席と会談することはむずかしいのではないか。日本の政治家で、いま、中国首脳としっかりと中身のある話し合いができるのは、二階俊博ただ一人ではないかと思う。二階俊博幹事長は、日中関係をつなぐ大事なキーマンである。

日中関係においても、二階俊博は田中角栄の後継者である。

第三章

鋭い政治〝勘〟を行使して土壇場でコロナ対策「一律10万円」を実現し、国民生活を守り国民に安心感を与えた卓越した政治能力

「生命のみが神聖である。
生命への愛が第一の美徳である」……（ロマン・ロラン）

1　コロナ禍克服のための水面下での努力

2020（令和2）年1月以来のニュースの主役は「コロナ禍」と「トランプ」だった。2021（令和3）5月現在、コロナ禍は続いている。第一波、第二波のあと、第三波が起きた。第一、第二の波よりも深刻だった。その後も沈静化していない。拡大傾向もみられる。

もう一つの主役のトランプは2020年11月3日の米大統領選で敗北し、2021年1月末には大統領の地位から去った。米国はバイデンの時代に変わった。

新型コロナウィルス感染症は、中国・武漢から起き全世界へ広がった。

新型コロナウィルス感染症の情報が日本にもたらされたのは、2020年1月中旬のことだった。厚生労働省は、中国・武漢市から帰国した男性から新型コロナウィルスの陽性反応が出たと発表した。日本国内で患者が初めて確認された。

1月22日、中国政府は新型ウィルス肺炎感染の発信源とされた武漢市を封鎖した。1月25日には中国での新型肺炎感染者数が1200人を越え、死者は41人になった。1月29日には中国での感染者数はSARSを越えた。

1月30日にはWHO（世界保健機構）が緊急事態を宣言した。

日本では、1月29日新型コロナウィルス対策で、日本人の退避を目的に中国・武漢に民間チャーター機を派遣した。

2月に入ると、日本ではマスク不足パニックが起きた。横浜港沖に停泊しているクルーズ船で10人の新型コロナウィルス感染者を確認した。2月中旬には日本国内で初めて感染による死亡が確認された。

2月末には北海道知事が緊急事態宣言を行った。

この時期、安倍総理には冷静さを欠いた場当たり的な施策が目立った。「アベノマスク」と揶揄された全戸へのマスク配付の失敗、文部科学省と事前の相談なく学校の全面休校を決定したことも批判の対象となった。

中国では感染が拡大し、2月8日、中国における死者は811人となり、SARSの世界全体での死者数を上回った。WHOは新型コロナウィルスを「COVID－19」と命名した。感染は中国からヨーロッパへ拡大した。3月10日には、イタリアの感染者数が1万人を超え、中国に次ぐ感染者を確認した。

3月12日、WHOがパンデミック宣言を行った。

3月13日には、トランプ米大統領が国家非常事態を宣言した。感染者はアメリカで急増し、世界最高になった。

日本政府は3月5日、習近平国家主席の訪日延期を発表。甲子園球場での春の選抜高校野球大会の中止が決定された。東京オリンピック・パラリンピックの一年延長が決定された。東京都と隣接4県が外出自粛の共同声明を出した。

4月に入ると、世界全体の感染者数が100万人を突破。死者数は5万人に上った。4月中旬には米国での死者は2万人を突破。世界で感染者数は200万人を超えた。

日本政府は4月7日に緊急事態宣言を発表。4月17日には、政府が一旦閣議決定した「条件付き30万円支給」を撤回し、安倍総理が「10万円の一率給付」を正式に表明した。

この閣議決定の変更は、二階俊博幹事長と山口那津男公明党代表の努力によるものだった。これによって安倍前内閣は政府危機を乗り切ることができた。大多数の国民も納得した。政府の信用は保たれた。

5月9日、世界で感染者数は400万人を超え、うち三分の一がアメリカ国内で確認された。5月30日、トランプ米大統領はWHO脱退を表明した。米中対立はさらに激しさを増した。

6月末には、コロナウィルス感染者が1000万人を超えた。日本では国内の新規感染者が1日100人を超えた。

8月末、安倍前総理は持病の悪化を理由に辞任を表明した。

9月中旬、後任の総理に菅義偉前内閣官房長官が選出された。

10月初め、トランプ米大統領がコロナウィルスに感染したことが報道された。トランプ大統領は入院したが3日で退院し、選挙運動を継続させた。

11月3日の米大統領選でバイデンが勝利した。トランプは敗北した。

11月中旬フランスでコロナウィルス感染が拡大した。11月末、日本で感染者が急増。全世界では6000万人を超えた。

「第三波」が到来した。

２０２１年、世界も日本も、コロナ禍克服の課題に、全力で取り組まなければならない。

この間、二階俊博幹事長は、政府、地方自治体の努力を水面下で、側面から支える努力を続けてきた。

感染対策で成果をあげた仁坂吉伸和歌山県知事を側面から支え、目立たぬように必要な物資を和歌山県に送り続けた。これこそ二階俊博流である。

二階俊博幹事長は、２０２０年1月から2月の頃、まだ日本国内での感染が広がっていない時期に、中国を支援するために東京都と協力して、医療用物資を送った。これに対し、中国は、日本でマスク不足が深刻化した時、大量のマスクを二階俊博幹事長宛に送ってきた。二階幹事長は、これを直ちに医師会と各地方自治体に提供した。

２０２０年一年間を通じて、試行錯誤が繰り返された。すべての人々が、コロナ禍を克服するために努力してきた。この間、失敗も数々あったが、医療関係者、政府、地方自治体、民間企業など、それぞれが真剣に努力した。しかし、コロナ禍は続く。

二階俊博幹事長は、つねに水面下から、側面から、目立とうとすることなく、政府、地方自治体、医療関係者たちの努力を支え続けた。人道主義の立場を貫き、国際協調、国内での協力を説き続けている。

２０２１年も、人類にとってコロナ禍克服が最大の課題となっている。大切なことは、すべての人が国際社会でも日本国内でも協力することである。二階俊博は、協調協力のため水面下で働き続けている。

2 閣議決定を覆してまで「一律10万円支給」を実現した「卓越した政治の術」

新型コロナウィスル感染症対策の重要施策として実行された「一律10万円給付決定」(一度決定した閣議決定を覆したこと)の立役者は、二階俊博自民党幹事長と山口那津男公明党代表の二人だった。きっかけをつくったのは、二階俊博幹事長の突然の見直し発言だった。これによってつくられた変更のチャンスを山口那津男公明党代表が活用し、政策の大転換を実現した。

2020年9月20日に出版された田原総一朗氏と山口那津男公明党代表の対談本『公明党に問う この国のゆくえ』（毎日新聞出版）において、山口那津男公明党代表の行動について、田原氏と山口代表とのやりとりがあるので、引用する。長い引用をお許し頂きたい。

田原　山口さんが安倍さんに迫った同じ時期に、自民党幹事長の二階俊博さんも所得制限を設けたうえでの10万円給付について言及したね。

山口　ああ、そうでしたね。

田原　二階さんは山口さんと連携していたんですか。

山口　いいえ、まったく連携はありませんでした。いきなり、二階さんが記者会見を開いて、10万円給付について言及されたので、ちょっと驚きました。けれど、二階さんでさえ、そういうことをおっしゃるわけですから、やはり、10万円給付に切り替えるべきだと。ここは事態を冷静に見つめて、総理とじかにお話しするしかないと思い、二階さんが記者会見をした翌日の朝、公明党の役員会で協議をした後、すぐ安倍さんに連絡し、申し入れをしました。

田原　なるほど、この件に関し、公明党内部では会議をやっていたんですか。

山口　じつは一律10万円給付の案は、ずいぶん前から公明党内部で出ていましたし、政府にも提案はしていたのです。

田原　二階さんが言うより、もっと早く？

山口　そうです。３月28日に安倍総理が第１次補正予算の編成方針というものを出すわけですが、その時点で、すでに世帯単位で給付金を支給するという枠がはめられてしまった。公明党は３月31日に一律10万円案を提案しました。すると、自民党も同様の案を出してきました。ある新聞が、安倍総理も所得制限をつけないで、１人10万円を給付すべきだというアイデアを持っていたと報道しました。ところが、財務省がその案を覆した。そこで、公明党の斉藤鉄夫幹事長が粘ったけれど、児童手当を１万円上乗せするのがやっとだったと、新聞にはこう書いてありました。自民党が望み、公明党が要求し、安倍総理も同じことを考えていた。じゃあ、世帯ごとに30万円を支給するという案は、一体誰が決めたんでしょう。総理、このままでいいんですかと、強く迫りました。

田原　なるほど。山口さんの言うことを、安倍さんはよく聞きましたね。山口さん、自公連立をやめるって言ったんじゃないの？

山口　とんでもない、そんなことは言っていませんよ（笑）。当時、よくそういう報道がありましたけど、連立離脱などということは、私は一切言っていません。ただ、国民の思いを読み誤ると、政権そのものに対する信頼が大きく揺らぎますよ、ということは申し上げました。特に緊急事態宣言を出した後、事態は大きく変化しています。だから、今から減収世帯に限り30万円の給付を行っても、不評を買うことこそあれ、ああ、政府のおかげで助かったと喜ぶ人は少ないでしょうと申し上げました。

田原　山口・安倍会談は、時間にしたらどのぐらいですか。

山口　時間にして、まあ、30分ぐらいですかね。私が特に強く申し上げたのは、政府与党の風通しが良くない、意思疎通が十分になされていないということです。国民の声がきちんと政府に届いていないのではないかと思われる現象がいくつもある。やはり安倍さんには、国民の声をしっかりと受け止めていただきたいと。今から減収世帯への30万円給付を一律10万円に切り替えれば、大きな混乱を呼ぶでしょう。安倍さんのほうから、誰かのメンツがなくなるとか、あるいは、かえって予算の成立が遅れるとか、いろいろな反論もありました。しかし、それに対しては、一つひとつ丁寧に、解決策を提示しました。例えば、予算の成立も、連休明けではなく、今からやれば、月内に間に合いますということを、裏付けを持って強く申し上げました。

田原 30万円の給付を一律10万円に変更するのは、山口さんにとっても大きな決断だったわけだよね。

山口 もちろんです。だって、私も一度は30万円給付を決定した責任者ですよ。それを覆すわけですから、こちらも恥を忍んで申し上げる覚悟でした。「ちゃぶ台返し」と言った人もいますけど、まさにその通りです。だけど、やるべきではないとわかっているのに、そのまま漫然と実行するよりは、たとえ苦渋の決断であったとしても、国民の声に従い、10万円給付をしたほうがいいに決まっています。国民は必ず評価してくれるに違いないと、固い信念で安倍さんと向き合いました。

（『公明党に問う この国のゆくえ』92〜95頁参照）

山口公明党代表は、安倍総理との直談判を決意し、一度目は4月15日に面談。翌16日。朝から何回も電話して、強く迫った。

山口代表は語っている（同書96頁）

「安倍総理が心配するところを一つひとつ丁寧に解きほどいた上で決断を促し、その日の夕方、一律10万円の給付が決定されました」

一度、「減収世帯に30万円給付」すると閣議決定したことを、急に「一律10万円給付」に変えたことは、政府においては異例のことだったが、結果をみると、この方向転換によって安倍政権は窮地を脱した。もしも「30万円給付」を強引に押し進めていたなら、安倍政権への国民の不信は高まり、安倍政権はきわめて苦しい立場に立たされたであろう。山口公明党代表は安倍政権を救った、といえるかもしれない。

公明党関係者から私自身が聞いたところでは、公明党の中堅・若手議員の間から「減収世帯への30万円給付」に対して強い批判が吹き出していたとのことである。この中心にいたのが岡本三成（衆議院議員）で、「全国民一律10万円給付」への方向転換をリードしたという。

二階俊博自民党幹事長が「一律10万円の現金給付を求めるなどの切実な声がある。できることは速やかに実行に移すよう政府に強力に申し入れたい」と、4月14日に記者団に語ったことが、閣議決定の内容を方向転換させるきっかけになった。

この二階発言の直後に、公明党は起ち上がり、一気に攻勢をかけた。4月15日朝、山口那津男公明党代表は急遽決まった安倍総理との面会で、「所得制限を設けず1人一律10万円支給」することを強く求めた。これから後のことは、先に引用した山口発言のとおりである。

二階俊博自民党幹事長と山口那津男公明党代表は、別々に進みながら、同時に攻めたことによって、閣議決定の変更を成し遂げたのである。これを「あうんの呼吸」と表現した者がいたが、そうかもしれない。

3　「条件付き30万円」から「一律10万円」への転換

政府は4月3日、新型コロナウィルスの感染拡大により収入が減った世帯などへの現金給付の枠組みを決めた。「給付は1世帯あたり30万円とする。減収後の月収が一定の基準を下回る世帯に対象を絞り、高額所得者への給付は見送る。希望する人が市町村に自己申告して受け取る」というものだった。

安倍総理は、この日、総理官邸で岸田文雄自民党政調会長と会談し、1世帯あたり30万円とする意向を伝えた。岸田政調会長は、総理との会談後に記者団に「1世帯30万円で総理と認識が一致し、了解していただいた」と語った。

この決定は、安倍総理、麻生副総理・財務大臣、岸田政調会長主導で決定したと、マスコミは報道した。4月7日、安倍内閣は、「制限付き30万円給付」を含む補正予算案を閣議決定したが、この瞬間から、国民の中から不満が吹き出した。

「全国民一律の10万円給付」案は、すでに国民の間に知れわたっていた。各野党は、一律10万円を強く主張していたし、公明党も10万円案を主張していた。「制限付き30万円」の政府案は、国民の神経を逆撫でした。世論は安倍政権に対し、強い不満をあらわにした。自民党も公明党も、この世論の強い反発を無視できなくなった。

二階俊博自民党幹事長が4月14日の記者団に語った一言は、絶妙のタイミングで発せられた。この二階発言をきっかけに、公明党が脱兎のごとく動き出し、山口代表が安倍総理に直接談判して、閣議決定を変更させたのであった。

「政治は科学ではなくて術である」は、19世紀ドイツの大政治家ビスマルクの言葉である。熟達した政治家は、「術」を心得ている。

１９５５年の保守合同の立役者の三木武吉も、熟達した「術」の使い手だった。田中角栄も「術」を巧みに使った。二階俊博自民党幹事長は当代随一の熟達した政治家であり、「術」使いの名手である。

二階俊博幹事長が使った「術」に、山口那津男公明党代表が「あうんの呼吸」でこれに応えた。これにより安倍政権は危機を脱した。国民の間から政府への強い不信の感情は沈静化し「安心」が広がった。「一律10万円支給」決定に、国民は納得した。

二階俊博幹事長の側近の一人は「二階幹事長はつねに注意深く国民全体をみている。世界の動きを研究している。現在だけではなく将来のことを考えている。広い視野をもち、近いところだけでなく遠くも見ている。二階幹事長は大局に立った判断ができる大きな政治家です」と私に語った。

二階俊博幹事長は「政治の術」を心得ていると同時に、天才的な「閃き」の能力を持ち、同時に人の心の奥底を読み取る能力がある。この能力が「全国民への一律10万円支給」決定において発揮されたのである。

二階俊博幹事長は、菅政権の政策課題についても指導性を発揮している。発足直後の菅内閣は、一日も早く菅内閣としての具体的成果を上げるため、比較的細かい問題に重点をおいているが、二階俊博幹事長は、より大きなテーマに取り組み、菅政権を支えようとしている。

二階俊博幹事長が取り組んでいるのは、第一に将来を展望した経済政策である。二階幹事長は大不況回避のための大規模な追加経済対策を提案している。さらに、日本は米中和解の仲介役を果たすべきだと考えている。幹事長自身が、米国と中国を訪問し、両国の仲介役を果たそうと考えている。日本と中国・韓国との関係改善も検討している。北朝鮮訪問も考えている。国際関係の面でも二階俊博幹事長のすぐれた指導性が発揮されるだろう。

第四章

最側近の語る二階俊博幹事長の実像

天才的政治〝勘〟、二階流人間外交、
郷土・和歌山への深い郷土愛と多大な貢献、
つねに人のために尽くす二階イズムのルーツ

「他人が困難なことを容易に行うこと、これは才能であり、
才能に不可能なことを容易に行うこと、これが天才である」…………（アミエル）

1　最良の同志・林幹雄幹事長代理が語る実像

(1)　二階俊博にとって最良の同志は林幹雄である

良い指導者には良い補佐役がいる。優秀な補佐役に恵まれるか否かにトップリーダーの成否がかかっている。

有力な指導的政治家には必ず補佐役がいた。鳩山一郎には三木武吉と河野一郎がいたし、吉田茂には池田勇人と佐藤栄作がいた。池田勇人には前尾繁三郎と大平正芳と宮澤喜一がいた。田中角栄には橋本登美三郎、二階堂進、江崎真澄、竹下登がいた。

戦後75年を振り返って、二階俊博＝林幹雄コンビ以前の最良のコンビは石橋湛山と石田博英だった。ただ、残念なことに石橋が病気で引退したためこのコンビは短命に終った。

二階俊博と林幹雄のコンビは、石橋湛山＝石田博英に勝るとも劣らぬ最良最高のコンビである。

この十年の間に、二階、林と私の三人でしばしば会ったことがあるが、二階と林はまるで同一の人格をもっているようにみえた。ここにいるのは「二階林・俊幹（にかいばやし・としもと）」という一人の人間ではないか、と感ずることがあった。二人は同志であり盟友であり師弟であり義兄弟である。それ以上の関係である。

二階俊博は偉大な政治家である。アリストテレス的表現を借りれば、論理的卓越性と知的卓越性をあわせ持ち、人民大衆に絶えず奉仕し続ける第一級のすぐれた政治家である。林幹雄はこの二階俊博に惚れ込み、二階政治を実現するため補佐役に徹している。

林幹雄のすごいところは二階俊博を決して一人にしないことにある。つねに寄り添い、きめ細かく二階を助けている。二階俊博も林幹雄を信じ切っている。二階＝林コンビほど一体化している同志関係は、政治史上でもほとんど例がないのではないかと思う。林幹雄こそは二階俊博を知りつくしている政治家である。私は林幹雄の至誠一貫の生き方を知って、林幹雄を深く尊敬している。

林幹雄に二階俊博の真実の姿を聴いた。

以下は、林幹雄の証言である。

(2) 抜群の政治〝勘〟と〝ひらめき〟の達人

二階幹事長のすごいのは政治の〝勘〟とひらめきです。これは誰かに教わってできることではない。先天的なものだと思います。

二階幹事長の政治〝勘〟が発揮された事例を三つあげます。

一つは、幹事長就任直後のことですが、自民党総裁任期を延ばしたことです。当時の党内の空気は、総裁を2期6年で代える必要はない、ということでした。

そこで二階幹事長は、党内に当時の高村副総裁を座長にした検討委員会を立ち上げ、週1回のペースで幅広く検討してくれと要請しました。

二階幹事長の考えは、「自民党総裁は内閣総理大臣なので高いハードルが沢山ある。衆議院議員選挙で負ければ責任をとらなければならない。参院選もある。国会運営で躓けば衆議院解散か内閣総辞職ということになり、選挙で敗ければ総理総裁を続けることができなくなる。総理がこのハードルを越すことができるなら総裁任期を緩和して何回やってもよいのではないか」ということでした。

2ヵ月ほど議論を徹底的に行い、総裁任期を3期9年にすると決めたのです。

この政治〝勘〟と絶妙のタイミング、スピードこそ二階俊博の本質なのだと感心しました。この規則改正によって、安倍さんは桂太郎と佐藤栄作を抜いて総理在職第一位になることができたのです。

二つめは、２０２０年のコロナ対策としての「10万円支給」です。政府与党は「限界を設けた30万円支給」を閣議決定をしていました。この方針で進み始めた時、記者会見でいきなり「10万円にしたらいいのではないか」と発言しました。この幹事長の一言が、またたく間に政界全体に広がり、空気が一変しました。結果的に、政府は「30万円」を取り下げ、「10万円」にしました。いったん閣議決定したことを差し替えることは前代未聞のことです。

政府が「30万円」を決めたあと、国民各方面の声が党にも入ってきました。幹事長は誰にも相談しませんでした。総理にも財務大臣にも党内の誰にも相談せずに、あの発言をしたのです。これこそ二階幹事長の政治〝勘〟です。タイミングも合いました。

翌朝、公明党の山口代表は官邸に入り、「10万円」にするよう安倍総理に強く申し入れました。この結果「10万円」が実現しました。

あとで、安倍総理は、「二階幹事長の記者会見での発言がなければ、大変なことになっていました、二階発言はありがたかった、政府・自民党としても面目が立ちました」と言っていました。

これも、二階幹事長は誰かに頼まれたというのではなく、幹事長独特の〝勘〟が働いたのです。

あの記者会見の前、幹事長代理の私は、幹事長に「今日の記者会見でアビガンのことを話して下さい」とお願いしました。幹事長はアビガン使用のことを話したのですが、記者の質問が「10万円」に集中したため、アビガンはとばされてしまいました。

三つめは、2020年9月のポスト安倍の総裁選です。8月28日に安倍総理から二階幹事長に「体調不良につき退陣したい」との話がありました。健康上のことなので引き留めることはできない、残念だが了承することになりました。そこで、そこで、すぐに役員会を開き、二階幹事長が総裁選を仕切る立場になりました。

この翌日の29日夜に、当時内閣官房長官だった菅義偉さんから二階幹事長に会いたいといってきました。そこで密かにお会いしたのですが、菅義偉さんが総裁選に出ようと思っています、よろしくお願いしますと頭を下げられた。すると二階幹事長は、瞬時に「わかった、しっかりやれ、応援する」と言いました。すぐに二階派として菅支持を決めました。二階幹事長の動きにはスピードがあります。

この時も二階幹事長は誰とも相談しません。しかし二階派はすぐにまとまって菅支持になりました。土曜日・日曜日の2日間で菅支持の流れを、早々とつくってしまいました。他の派閥やグループは月曜日から動こうと考えていたと思います。二階幹事長の早業で「菅総裁」への流れができてしまいました。これも幹事長の政治〝勘〟です。タイミングは絶妙でした。

中国との関係でも幹事長の政治〝勘〟が発揮されました。2015年のことでした。この時は二階先生が総務会長でした。

あの時はまだ日中間は雪解け前で、冷えきった日中関係の時でした。安倍総理と習近平主席が首脳会談をしても、そっぽを向いて握手しているような冷えた関係でした。当時総務会長だった二階先生は3000人の代表団をつれて北京に乗り込みました。そして3000人の前で、二階先生と習近平の二人が握手し、演説したのです。これが日中雪解けのスタートでした。

この翌年、中国で「一帯一路の世界フォーラム」を開催することになりましたが、日本もアメリカも参加しないと政府が表明しました。ところが二階先生のところへ中国から招待状がきたのです。この時二階先生は幹事長になっていました。二階幹事長は「行く」と返事しました。総理官邸は困っていました。行かないでほしいという空気でした。二階幹事長は行かねばならぬと考えていました。

すると榊原定征経団連会長が「二階ミッションに加えてほしい」と言ってきました。これで空気が一変しました。経済産業省の松村祥史副大臣も「同行させてほしい」と言ってきました。ついに今井尚哉総理秘書官も「参加させてほしい」と言ってきました。二階先生は太っ腹だから、「行きたい人はみんな連れていく」ということになりました。

そこで二階幹事長は「日本と中国は隣国。引越しできない。だから仲良くするしかないのだ。仲良くするには往来が大切。青少年交流に力を入れたいがどうか」と持論を言いました。習近平主席は「賛成だ。それは進めよう」と答えました。

両国指導者だけでなく両国民の信頼関係、人間関係を深めていこう、これによって平和友好関係を強めよう、というのが二階ポリシーです。

普通は、官邸が「行かないでくれ」と言えば、党幹部は行きません。しかし二階先生は違います。「今中国へ行かなければならない」という信念で行動します。これが二階流政治〝勘〟です。

二階先生はつねに「言うだけでは駄目だ。実行しろ」と言います。そして自ら実行します。即決即断です。これが二階流です。

二階幹事長はすごいアイデアマンです。たとえば地方創生という話になると「それでは物産展をやろう」と言い、各県の特色ある特産品を広く宣伝してもらおうということになり自民党本部の玄関ホールで、すぐに始めます。今では、わが県もわが県もと、競争になっています。

最初は二階幹事長の地元の和歌山県でした。売上もよかった。すると安倍総理が山口県もやろうという話になりました。安倍総理自ら売るからみんな買います。山口県が和歌山県を抜いてトップになりました。

北海道もやりました。北海道には海の幸、山の幸がいっぱいあります。売上は山口県を抜いてトップです。

農業の話になると、今の自民党の国会議員は実際の農業を知らない、田植も知らない、稲刈りも知らない、これではよくない、農業体験をしようという話になり、すぐに農業協同組合とタイアップして、三多摩地方と埼玉で農業体験をはじめました。手植えが基本だと言って自分が率先してやります。稲刈りも鎌で刈ります。東京でやる時は東京の国会議員に、埼玉県でやる時は埼玉県の国会議員に声をかけます。30～40人集ります。収穫祭もやりました。餅つきもやりました。

二階先生はアイデイアマンであるとともにすぐ実行です。これが二階流です。

(3) 野党時代に三本の議員立法をつくる

野党時代に三本の議員立法をつくりました。「津波対策の推進に関する法律」と「鳥獣による農林水産業への被害防止法」と「私的違法ダウンロードの防止に関する法律」です。その上、防災減災国土強靭化法、首都直下地震対策法、南海トラフ地震対策法の三つをつくりましたが、これは途中から与党になりましたから、成立したのは与党時代でした。

野党時代に二階先生とともに、三本の議員立法を成立させたことを、私は密かに誇りに思っています。私は二階先生に「法案提出だけでいいでしょう」と言ったところ、二階先生から「ばかなことは言うな。提出するだけなら誰でもできる。提出するからには成立させなければならない」と言われました。私は「二階先生、今の衆議院の議席は自民119に対して民主党は300以上です。無理ですよ」と言ったのですが、二階先生は「そんなことはない。必要なものは必要なんだ。みんな分かるはずだ。やるのだ」と言って始めましたが、119議席の野党では相手にされません。通常国会は終わり、次の臨時国会もダメでした。民主党にはいろいろと働きかけましたが、最初は相手にもされません。それでもあきらめずに民主党議員のところへ頼みに歩きました。

そのうちに「3・11東日本大震災」が起きました。津波で多数の死者・行方不明者がでました。がっくりきました。津波対策法を通して対策をとっていれば犠牲者は少なかったのではないか、と悔みました。私は二階先生に「もう、これ諦めましょう」と言うと、二階先生は「ばかなことは言うな。ピンチがチャンスだ。今からやろう」と言い、民主党議員まわりを続けました。

そうしたら、民主党は「民主党案」を出してきました。民主党内は中身はわれわれの案と同じですが、津波の日を「3月11日」としてきました。われわれは「いなむらの火」の「11月5日」です。そこで、二階先生の提案で、学識経験者に聞きましたところ、圧倒的支持が「11月5日」でした。学識経験者のほとんどが、「3月11日」はお悔やみの日、この日を「津波の日」としていいのか、成功体験の「いなむらの火」の「11月5日」の方がよい、と答えました。二階先生は、この学識経験者の回答をもって民主党を説得した結果、ついに民主党も「11月5日」を津波の日とすることに同意したのです。しかし、民主党は、「それでは自民党提案ではなく、委員長提案にしてほしい」と言ってきました。これを二階先生に報告したところ「分かった、名を捨てて実を取ろう。委員長提案でよい。ただし各党に討論させるべきだ。津波対策法案成立の経過を記録に残しておく。記録ができれば後世に、津波法成立の経緯を伝えることができる」と言いました。二階先生はこういう判断がぱっとできる。これが本物の政治家です。

二階先生は、「二階派議員が手分けして在京の各国大使館に『世界津波の日』をお願いして歩こう」と言います。通常国会が終ると、4回生以下の議員に約110カ国の東京にある大使館を手分けして回ってくれ、と言いました。1人5～6ヵ国の大使館を英文のパンフレットを持たせて回らせました。これを本国に伝えてほしい、と。外務省は真っ青になりました。英語圏だけではありませんから。通訳をつけなければなりません。これで外務省も本気になりました。

外務省は二階先生がつくった英文のパンフレットをみて、驚きました。そこには「世界津波の日」の共同提案国になってくれ、と書いてあったのです。単に賛成してほしい、というのではなく、共同提案国になってくれと、二階先生が書いたのです。

結果的には12月末の国連総会で「世界津波の日・11月5日」が全会一致で可決されたのです。

しかし、これだけで終りません。二階先生は「この世界津波の日を記念して『世界高校生サミット』をやろう」と提案しました。これも直ぐ実行です。すべて英語で行う高校生サミットは大成功で、世界25ヶ国の高校生が参加し、現在も続いています。

二階先生は「世界中から集まる高校生は民間大使だ」と言うのです。世界各国の高校生が日本に来て、日本を知り、日本はすばらしい国だと感じてもらえれば、みんな日本びいきの民間大使になる。二階先生は青少年交流の必要性を習近平主席にも説きましたが、未来の民間大使を増やしているのです。

二階先生は、つねに政治は実践だと言い、自ら実行しています。本当に勉強になります。政治は演説だけでは駄目、実行が大事だと教えられてきました。二階先生のすごさを感じています。

（4） 防災のエキスパートとして第一線で活躍

自民党が野党の時に、「3・11東日本大震災」が起きました。その時、経団連から「石油・ガソリンを被災地に届けたい、しかし危険物なので警察の許可が必要だがいろいろ面倒なことがある。なんとかできませんか」という話が二階先生のところにありました。

二階先生から私のところへ、「あんたは国家公安委員長経験者だから、警察庁と交渉してくれないか」という話がありました。たまたま官房長と親しかったので話しました。

その時は「少し時間がかかるかもしれませんが、やってみます」という返事でしたが、すぐにやってくれました。その日の夕方から石油・ガソリンを運ぶタンクローリーが高速道に入れるようになりました。警察にしては、ずいぶん早くやってくれたと思いました。なにしろ当時、自民党は野党でしたから。

二階先生はすごいと思ったことはいくつもありますが、「3・11東日本大震災」の時、二階先生は棺桶の心配をしていました。「これだけの大被害がでたからには棺桶が不足する、すぐに手配しなければならない」ということで棺桶を2万基発注しました。

棺桶を管轄しているのは経産省です。二階先生はこれを知っていたのです。そこで担当の課長に、早く棺桶を発注してくれと申し入れました。棺桶は1万基程度しかないとのことでしたので、簡易品でもよいからと2万基を発注しました。しかし、それでも不足でした。

自民党が野党の時代には、私は二階先生と毎日のように一緒に行動していました。大震災対策、議員立法3本、そのほか野党でしたが国民各層から多くの問題・陳情を持ち込まれました。野党時代とはいえ非常に忙しかった。

支援物資を自衛隊に届けたいので自民党に何とかしてほしい、という話がかなりありました。当時の与党の民主党は経験不足で未熟でしたから、野党であっても自民党に相談しにきたのです。いろいろな陳情を受けて手配しました。

災害となると、やはり、二階先生です。「災害については二階さんが政界ナンバー1」だということを皆知っているのです。阪神淡路大震災の時、二階先生は野党議員でしたが、災害の現地に一番早く入り、救援物資を持参し、救援活動をしたことをみんな知っています。災害に関する本も出版しました。なんといっても二階先生は動きが早い。すぐに行動します。

数年前、われわれの派閥（志帥会《しすいかい》＝二階派）の研修会を北海道でやった時のことですが、最終日に台風が来ました。すると、知事はじめ各方面から二階先生のところへ陳情がきました。そこで研修会を中断し、全員で災害現場に入りました。各方面から陳情を受け、すぐに対応し、災害現場へも行きました。二階先生は即行動です。それが身についている。普通の政治家ではありません。

（5） 二階外交は人間外交を貫く

二階先生の政治スタイルは、人間関係中心です。信頼関係をつくり、信頼関係を基礎にして動きます。選挙もそうです。東京での政治活動もそうです。外交もそうです。信頼関係をベースにして外交活動をしています。中国、韓国、ベトナム、インドネシアなどの外交も、人間関係が中心です。

二階先生は中国の習近平主席と5回会談しています。これだけの回数習近平主席と会談しているのは安倍前総理だけです。安倍前総理は首脳会談で公式に会議しています。二階先生は個人的信頼関係で会うのです。日本の政治家で何回も習近平主席と会っているのは安倍前総理のほかは二階先生だけですが、二階先生はこのことを決して自慢することはありません。一筋に人間関係を基礎にして二階外交をやっています。

ベトナムのフック首相とも人間関係です。ハス外交から始まりました。二階先生から大賀ハスを贈り、フック首相からはベトナムのハスが来ました。ハスの交換です。ベトナムのハスは和歌山県紀の川市に植えられ、花を咲かせています。二階先生は、フックさんに「一度和歌山に来てベトナムのハスの花が咲いているのを見て下さい」と言って、フック首相を和歌山県の紀の川市に招きました。大阪サミットの時でした。

フック首相は、「二階さん、今度は私のところへ来て下さい」ということで、2020年1月に二階先生は1000人のベトナム訪問団を伴って、フック首相の地元を訪問しました。こうして二階先生とフック首相との人間関係はさらに深まっています。

二階先生の政治スタイルは、国内でも外交でも人間関係、信頼関係が基本です。この行動様式は変わりません。つねに誠実です。

二階先生には、中国にも韓国にもベトナムにもインドネシアにも、その他の国にも多くの友人がいて、信頼関係で支援し、交流しています。つねに人間外交を行っています。

私は、いつも二階先生から「政治家は、どうあるべきか」を教えられています。二階先生は、非常に大きい政治家です。

2　小泉龍司国際局長の証言――二階外交は信頼関係にもとづく人間外交

（1）自民党外交の責任者・小泉龍司国際局長

小泉龍司自民党国際局長は、二階俊博幹事長の重要な側近の一人であり、二階俊博幹事長の忠臣である。誠実無比の有能な政治家である。

二階政治の重要な特徴の一つは、外交力を持っていることである。「二階外交」が日本の政治において大きな比重を占めてきている点にある。二階俊博幹事長が行っている外交活動は、本質的には政府外交を補佐するものだが、時には補佐役が主役以上の役割を果たすことがある。現在の日本と中国・韓国との関係がそうである。二階俊博幹事長の中国との交流、韓国との交流は、日中関係・日韓関係の破綻を食い止める重要な役割を果たしている。

河村建夫志帥会会長代行、林幹雄自民党幹事長代理、山口壯自民党筆頭副幹事長（志帥

会事務総長）らとともに、この二階外交を支えているのが小泉龍司自民党国際局長である。

私が小泉龍司と知り合ったのは15年前の小泉政権による郵政民営化のための衆院解散総選挙の時だった。小泉龍司は自民党衆議院議員として郵政民営化に反対したために、小泉総理によって切り捨てられ、刺客を立てられた。選挙結果は僅差で敗北、苦杯を喫した。しかし、小泉龍司は不屈の闘志で起き上がり、その後、選挙区内を固め無所属で当選を続け、選挙区の自民党の支持をも得て、自民党に復党し、二階俊博に師事した。いまでは、押しも押されぬ二階俊博幹事長側近として、自民党の国際活動の要となっている。

小泉龍司は、倫理面でも、知性の面でも、国民を愛する点でも、第一級の政治家である。誠実無比の立派な政治家である。選挙も強い。次に内閣改造が行われる場合、初入閣が予想されるほどの有力政治家である。

（2）小泉龍司自民党国際局長が「二階人間外交」を語る

二階先生が幹事長になられてから4年が経ちましたが、この4年間、国政における自民党外交の役割が非常に大きくなりました。劇的に変わったといってよいと思います。

去る2020年9月、自民党総裁選が行われました。自民党総裁は内閣総理大臣になりますから、事実上、総理を選ぶ選挙でした。この時、総理になる条件の一つとして「外交の経験があるか否か」が議論になりました。

一昔前までは、政治家は皆、内政型でした。内政を仕切れるリーダーがトップになりました。この内政重視の流れは今も続いています。しかし、二階先生が幹事長になられてからのこの4年間に、世界の政治の流れが変わりました。

世界情勢の変化が著しく、とくに米国と中国との関係が変わってきました。この狭間に立つ日本のスタンスが、米国からも中国からも、またアジア諸国からもヨーロッパからも、注目されるようになりました。日本はどの方向へ進もうとするのか、です。

この状況のなか、安倍前総理は地球儀を俯瞰する外交を展開しました。この中で、二階幹事長は独自の外交に取り組みました。とくに、中国・韓国などアジア外交に積極的に取り組みました。

この4年間に国民の意識も変わりました。外交と内政が表裏一体の関係にあるとの意識が広がってきました。とくに二階幹事長の対中国外交が注目されるようになり、自民党外交の役割が大きくなりました。

冷戦が終わり、米国の一極支配が終焉し、中国が台頭するなかにあって、日本はどうやって国益を守っていくのかという視点で、二階幹事長は党外交を展開しました。安倍前総理も二階外交を認めました。国民も認めました。国民も政界も、世界の動きに以前よりも敏感になりました。

そして2020年9月、二階幹事長主導で菅義偉内閣が誕生しました。アメリカ大統領選も行われました。中国も激しく動いています。世界的激動期の到来です。

二階幹事長の存在は、日本国民だけでなく、米国政府にとっても、また中国政府にとっても「大事な二階幹事長」になってきたと思います。世界中から注目されています。

二階幹事長が、日米中の三極のなかで、また韓国、アジア諸国のなかで、どのような外交活動を展開するか、菅政権を支えながら、日本政府の外交を補完する役割を果たしつつ、いかなる動きをとるか、世界中から注目されるようになってきました。

2015年、二階先生は当時、自民党幹事長就任前で総務会長でしたが、3000人で中国を訪問し、習近平主席と会いました。これは大きな出来事でした。中国側も日本も驚きました。それまでは、外交は専門家の仕事と考えられていましたが、二階先生は国民外交を行ったのです。この二階外交は内外から注目されるようになりました。尖閣問題でとげとげしい関係にあった日本と中国の緊張が緩和されました。歴史に残る偉業です。

二階先生が時々言うことですが、「内政に影響力がなければ外交で影響力を発揮することはできない」のです。これはその通りですが、二階外交によって「外交で力を発揮できないと内政でも力を発揮できない」ことが証明されたのです。

今後の世界情勢を見る上で重要なのは米中関係です。米国の大統領が変わっても、米国と中国の関係が根本的に変わることはないと思います。米国の反中国の姿勢は続くでしょう。

日米関係、日中関係、日韓関係を考えると、二階幹事長の存在はきわめて大きくなりました。二階幹事長は世界情勢に大きな影響を及ぼす存在になったと言って過言ではないと思います。

二階幹事長は菅政権を支えながら、幹事長として「外交」に取り組むというのは、二階幹事長に天が与えた「使命」だと思います。

世間は、二階幹事長の外交は中国、韓国などアジア諸国に限られていると思っているようですが、すでに二階幹事長は、アメリカへ何度も行っています。米国の政治が落着いたら、二階幹事長は米国へ行くと思います。二階外交は全世界に広がります。

二階幹事長は最近「アメリカから先に行く」「訪中より訪米が先だ」とよく言います。二階幹事長は米中対立状況の中で、日本はどう生きていくべきかを真剣に考えています。二階幹事長は米国へ行き、米国要人と意見交換すると思います。米国の与党との間に与党間関係をつくるでしょう。

(3) 二階幹事長の一貫して変わらない外交姿勢

二階幹事長の外交姿勢は一貫して変わりません。たとえば日韓関係はくるくる変わりますが、二階幹事長の態度は不変です。「中国と韓国は日本の隣国、国は引っ越すことができない以上、仲よくするしかない。世界は、日本が近隣諸国とうまくやっていける国かそうでないかを見ている。日本の国際的信用がかかっている。日本は隣国と仲よくできる能力を持つ国であることを証明すべきだ」とつねに言っています。

いま日韓関係は悪くなっています。以前の朴槿恵大統領時代にうまく行っていたときがありました。しかし、二階幹事長の態度はその時も今も変わりません。日韓関係が良い時も悪い時も、二階幹事長の姿勢が全く変わらないのは、二階幹事長が、相手を人間として捉えているからだと思います。幹事長がやっているのは「人間外交」です。

二階幹事長と交際し友人となった相手国の政治家が、成功しても失敗しても、たとえ不遇な状況に置かれていても、二階幹事長の態度は変わりません。友情を貫きます。

かつて金大中大統領の秘書室長で、いま文大統領のもとで国家情報院院長をしている朴智元氏に対する態度は、朴氏がどんな立場にいても、まったく変わりません。朴氏が刑務所に収監されている時には、幹事長はラクダの下着三着を送りました。刑務所から朴氏が出てこられた時は、和歌山に招待し、もてなしました。政治的に失脚して国会で孤立した生活をしている時には、時の国土交通事務次官に、二階先生の名代として見舞いにも行ってもらいました。

二階幹事長はいったん友人となれば、その友人が政権から睨まれようが、刑務所に入れられようが、そんなことは関係ないのです。友情第一を貫きます。

日韓関係はいま決裂しそうで決裂していません。ぎりぎりのところで踏みとどまっていますが、二階幹事長の存在は大きいと、私は思います。

中国との関係においても、二階幹事長の存在は非常に大きいものがあります。二階幹事長が訪中すれば、中国の最高幹部と会談することができます。中国側は、二階幹事長は本当に信頼できる人だと思っています。

平和友好の外交は互いの信頼関係の上に築かれるものです。相手に対する尊敬の念を相互に持つことが必要ですが、現実には相手に尊敬の気持ちを持つことができない政治家も少なくありません。しかし二階幹事長は人を裏切るようなことは決してしません。つねに誠を貫きます。

最近日本国内にも「中国はケシカラン」と騒いでいる政治家もいますが、二階幹事長は「もし、『中国はケシカラン』と考えるなら、中国政府に直接言うべきではないか。しかし誰も北京へ行って中国政府側に直接言う人はいない。日本国内で騒ぐだけでは何も解決しない。自分なら中国へ行って直接言う。自分はそうしている」と、時々、われわれに話します。二階幹事長の言う通りだと思います。

（4） 独特の二階外交スタイル

二階幹事長の外交活動の方法は独特です。相手のふるさとやルーツを重視している点です。たとえば、米国のオバマ大統領に会いに行った時は、二階幹事長はオバマのルーツのシカゴをまず訪問し、シカゴのオバマ事務所を訪れてからワシントンに入りました。中国の習近平主席に会いに行った時も、まず習近平のルーツの福建省を訪問し、北京へ行きました。そして、習近平と会うと「福建省へ行ってきました。大きく発展していますね」と話をするのです。自然に話ははずみます。

韓国の文在寅大統領に会いに行った時は、まず文在寅大統領の師の金大中元大統領の故郷を訪ねてからソウルへ行き文在寅大統領に会いました。

どの国の指導者にも、ふるさとがありルーツがあります。郷土愛があります。二階幹事長は、訪問国の首脳のルーツをまず訪ね、首脳の郷里やゆかりの地に敬意を表してから、会談に臨むのです。お互いの郷土を知り合うことによって友情が育つのです。

二階人間外交は、世界から注目されています。自民党は与党として、政府外交を補完する外交を精力的に展開します。

（5）自民党幹事長室は日本最大の外交舞台である

二階俊博幹事長の活動の中で際立っているのは、自由民主党としての外交活動である。あくまで政府の外交を補佐し、補完するものであるが、国民外交という性格が濃いため、政府外交以上に世界から注目されている。

二階俊博幹事長以前は、外交はすべて政府が行うべきものだという考えにもとづいて、自民党としての外交活動は行わなずにいたが、二階幹事長の時代になって以後は、自民党幹事長室は外交活動の舞台となっている。

以下の表は、二階俊博幹事長の2014年自民党総務会長時代からの自由民主党としての外交の歴史である。全世界に「日本政界における最高実力者は二階俊博幹事長である」との認識が広まった結果でもある。特筆すべきは、来日した海外要人が次から次へと自民党幹事長室に二階俊博幹事長を訪ねてきている事実である。訪日した海外要人たちは、二階俊博幹事長に会うことが大きな来日目的のひとつであることが一目瞭然に分かる一覧表である。マスコミ等ではまったく報道されない内容であり、今回、小泉龍司国際局長が本書のために作成してくれたものだ。

今後、コロナ禍が一段落して国際交流が復活すれば、海外の要人による自民党幹事長室への訪問は増加することは不可避であろう。

二階俊博幹事長が行う外交活動は「国民外交」である。二階俊博幹事長が外国を訪問する際には、経済界、地方政界、学術文化界、観光業界、スポーツ界など、国民各層からの代表が加わり、大代表団を編成する。二階俊博幹事長は、つねに国民と国民の交流の拡大を意識して行動している。このことが、外国において二階俊博幹事長が高くて強い信頼を得ている原因である。二階俊博幹事長は国民外交の推進者であるとともに、国民外交の卓越した大リーダーである。

二階俊博幹事長　海外要人面会記録

2014年（平成26年）総務会長			
10月20日	シンガポール	駐日大使	チン・シアット ユーン
11月17日	中国	中国共産党中央対外連絡部訪日団	（団長：趙世通）
2016年（平成28年）総務会長・幹事長			
4月7日	中国	中国政府朝鮮半島事務特別代表	武大偉
8月10日	中国	駐日大使	程永華
8月29日	トルコ	駐日大使	アフメト・ビュレント・メリチ
8月31日	米国	在日米国大使館首席公使	ジェイソン・ハイランド
9月27日	中国	中日友好協会会長	唐家璇
9月28日	シンガポール	首相	リー・シェンロン
10月21日	インド	駐日大使	スジャン・R・チノイ
11月10日	ケニア	国民議会議長	ジャスティン・ムトゥリ
2017年（平成29年）幹事長			
5月15日	韓国	大統領特使	文喜相
5月24日	カザフスタン	ヌルオタン党第一副総裁	ムフタル・クルムハメド
5月30日	中国	中国国務委員	楊潔篪
7月13日	インドネシア	公共事業・国民住宅大臣	バスキ・ハディムリオノ
8月28日	インドネシア	闘争民主党幹事長	ハスト・クリスティヤント
9月8日	米国	駐日大使	ウィリアム・F・ハガティ
9月19日	韓国	駐日大使	李俊揆
9月22日	トルコ	駐日大使	アフメト・ビュレント・メリチ
11月22日	ネパール	駐日大使	プラティヴァ・ラナ
11月24日	韓国	駐日大使	李洙勲
11月28日	インドネシア	商業大臣	エンガルティアスト・ルキタ
12月8日	中国	中国国際経済交流センター理事長	曽培炎
12月15日	ベネズエラ	駐日大使	セイコウ・ルイス・イシカワ・コバヤシ
2018年（平成30年）幹事長			
1月22日	中国	全国人民代表大会常務委員会副委員長	陳竺
3月1日	トルコ	駐日大使	ハサン・ムラット・メルジャン
3月13日	ロシア	駐日大使	ミハイル・ガルージン
3月13日	トルコ	経済大臣	ニハット・ゼイベキジ
4月4日	トルコ	副首相	レジェップ・アクダー
4月16日	韓国	韓日議員連盟会長	姜昌一
4月17日	中国	中国国務委員	王毅
4月18日	中国	元中国国務委員	戴秉国

5月8日	中国	四川省人民政府省長　一行	尹力
5月9日	中国	遼寧省人民政府省長	唐一軍
		大連市長　一行	譚成旭
5月10日	中国	中国国務院総理	李克強
5月11日	中国	中国文化観光部部長	雒樹剛
6月21日	中国	中国国際友好連絡会会長	陳元
7月2日	ブルネイ	第二外務貿易大臣	エルワン・ペヒン・ヨセフ
8月22日	中国	駐日中国大使館公使参事官	楊宇
9月12日	中国	中国福建省訪日団	
10月25日	ベトナム	駐日大使	グエン・クオック・クオン
10月29日	インド	首相	ナレンドラ・モディ
11月2日	中国	香港行政長官	林鄭月娥（キャリー・ラム）
11月6日	トルコ	外務大臣	メヴリュット・チャヴシュオール
11月19日	ネパール	外務大臣	プラディープ・クマル・ギャワリ
11月21日	アラブ諸国	アラブ外交団	
11月26日	ロシア	連邦院議員	ヴィクトル・オゼロフ
11月28日	インド	駐日大使	スジャン・R・チノイ
12月21日	ロシア	連邦議会国家院第一副議長	アレクサンドル・ジューコフ
12月28日	トルコ	駐日大使	ハサン・ムラット・メルジャン
2019年（令和元年・平成31年）幹事長			
1月30日	カタール	首長	タミーム・ビン・ハマド・アール・サーニ
2月12日	インド	駐日大使	サンジェイ・クマール・ヴァルマ
2月20日	中国	中国人民友好協会会長	李小林
3月4日	中国	中国大連市旅遊局　一行	
3月4日	ミャンマー	国民民主連盟副党首	ゾー・ミン・マウン
3月6日	モンゴル	駐日大使	ダンバダルジャー・バッチジャルガル
3月13日	ラオス	人民革命党中央組織委員長	チャンシー・ポーシーカム
3月14日	韓国	韓国全国経済人連合会一行	
4月11日	中国	中国共産党中央対外連絡副部長	銭洪山
4月11日	韓国	駐日大使	李洙勲
5月15日	ASEAN	事務総長	リム・ジョクホイ

5月20日	カタール	駐日大使	ハッサン・ビン・モハメド・ラフィー・アル・エマーディ
5月27日	韓国	駐日大使	南官杓
5月30日	トルクメニスタン	大統領	グルバングルィ・ベルディムハメドフ
5月31日	トルコ	駐日大使	ハサン・ムラット・メルジャン
6月5日	中国	駐日大使	孔鉉佑
6月6日	中国	中国共産党政治局委員	蔡奇
7月1日	トルコ	大統領	レジェップ・タイップ・エルドアン
8月2日	ネパール	駐日大使	プラティヴァ・ラナ
8月5日	ベトナム	政府官房長官	マイ・ティエン・ズン
9月19日	ASEAN	事務総長	リム・ジョクホイ
9月24日	中国	中国国際交流協会副会長	劉洪才
10月23日	中国	中国国家副主席	王岐山
10月25日	キルギス	外務大臣	チンギス・アイダルベコフ
10月29日	メキシコ	駐日大使	メルバ・マリア・プリーア・オラバリエタ
11月15日	韓国	韓国全国経済人連合会一行	
11月29日	ウズベキスタン	元駐日大使	ミルソビット・オチロフ
12月5日	中国	中国共産党山東省委員会書記	劉家義
12月12日	インドネシア	駐日大使兼エネルギー鉱物資源大臣	アリフィン・タスリフ
12月17日	ベネズエラ	駐日大使	セイコウ・ルイス・イシカワ・コバヤシ
2020年（令和2年）幹事長			
9月29日	トルクメニスタン	駐日大使	グルバンマンメト・エリャソフ
10月21日	モンゴル	駐日大使	ダンバダルジャー・バッチジャルガル
11月18日	カタール	駐日大使	ハッサン・ビン・モハメド・ラフィー・アル・エマーディ

二階俊博幹事長　海外出張記録

2016年（平成28年）		
9月8日 ～ 9月10日	ベトナム	グエン・フー・チョン共産党書記長（Nguyen Phu Trong） グエン・スアン・フック首相（Nguyen Xuan Phuc） グエン・ティ・キム・ガン国会議長（Nguyen The Kim Ngân）
11月2日 ～ 11月4日	インド	ナレンドラ・モディ首相（Narendra Modi） ラージナート・シン内相（Rajnath Singh） ほか
2017年（平成29年）		
4月29日 ～ 5月4日	フィジー トンガ 米国	要人との会談のため
5月13日 ～ 5月16日	中国 北京	「一帯一路国際協力サミットフォーラム」出席
6月10日 ～ 6月13日	韓国 木浦、ソウル	要人との会談のため
7月18日 ～ 7月22日	米国 ワシントンD.C. ニューヨーク	「国連水と災害に関する特別会合」出席、 要人との会談のため
12月24日 ～ 12月29日	中国 廈門、武夷山 福州、北京	「第7回日中与党交流協議会」出席、 要人との会談のため
2018年（平成30年）		
4月26日 ～ 5月4日	ロシア トルコ	「日露フォーラム総会」出席、 要人との会談に伴う党代表派遣
5月25日 ～ 5月29日	中国 大連、成都	「四川大地震10周年防災シンポジウム」 出席に伴う党代表派遣
8月29日 ～ 9月1日	中国	「日中平和友好条約締結40周年記念事業関連式典」 出席に伴う党代表派遣
2019年（平成31年）		
4月24日 ～ 4月29日	中国 北京、上海	「一帯一路国際協力サミットフォーラム」出席
2020年（令和2年）		
1月11日 ～ 1月14日	ベトナム	要人面会及び職員交流に伴う党代表派遣

3　中村栄三和歌山放送社長の証言――郷土・和歌山への多大な貢献

(1)　政治家と郷土愛

最近は小選挙区制度のもとで、自分の郷里でない土地から出馬する候補者が少しずつ増えているが、かつての中選挙区制のもとでは、郷里と選挙区はほとんど一致していた。たまに夫人の地元から出馬する政治家もいたが、この場合も、夫人の郷里である。しかも、このケースはごく少なかった。

中選挙区制度のもとで、政治家たちは郷土への貢献の質・量を競い合った。有権者もこれ等を重視して貢献度の高い者が上位に立った。郷土愛の深さと郷土への質・量ともに大きな貢献が選挙での当落を決める最大の要素だった。

中選挙区時代の代表的政治家は田中角栄だった。田中角栄の選挙区は出身地の雪国・越後(新潟三区)だった。田中角栄は越後をこよなく愛し、越後の人々の生活向上のために尽力した。郷土愛の深さと郷土の発展のための旺盛な努力において、田中角栄に及ぶ者を私は知らない。

二階俊博の師は田中角栄である。二階は田中角栄から、郷土を愛し、人民を大切にし、とくに恵まれざる人民の生活向上をはかるとともに、平和な世界をつくることが政治家の責任であるとの健全な保守思想を継承した。

田中角栄は自らの郷里・越後の発展のために努力した。これは政治家として当然の任務である。しかし東京のマスコミは、田中角栄を正しく理解することなく、「田中は地元の利益を優先した」と曲解し、批判した。

二階俊博は、東京のマスコミの悪意ある曲解を受けぬよう公平公正に、自らの郷里・和歌山県の発展のために尽力してきた。

田中角栄は利害調整の天才だった。無理をせず円満にことを進める能力を持っていた。それでもマスコミから非難された。二階俊博も利害調整の天才である。誤解を受けぬよう慎重に行動してきた。二階俊博は常に慎重に行動し、公平な態度を貫いてきた。

二階俊博は和歌山県議会議員を二期務めた後、衆議院議員になった。２０２０年まで計

45年間にわたり、郷里・和歌山県の発展と県民の福祉向上のため努力してきた。この努力は現在も続いている。二階俊博は他の地方とのバランスに配慮しながら、郷里の発展のために献身的に尽くし続けてきた。二階俊博は、郷土愛の深さにおいて最高の政治家である。

(2) 二階俊博の45年間にわたる郷里での業績

和歌山県に私が尊敬する大変すぐれたジャーナリストがいる。親友でもある。和歌山放送の中村栄三社長である。和歌山県の生き字引のような大知識人である。私は和歌山県関係のことを取材する時には、中村栄三社長に教えを乞うてきた。私の和歌山県に関する知識の多くは中村栄三社長から教えて頂いたものである。

中村栄三氏は、私の求めに応じ「政治家・二階俊博の郷里での実績」のメモを作成してくれた。持つべきものは友である。以下に引用する。

県議2期8年・国会議員12期37年、合わせて45年にわたる二階俊博先生の政治歴を振り返ると、二階俊博先生の政治理念は「ふるさとと共に」であり、政策的には「国土の

均衡のある発展」が原点である。
以下、二階俊博先生の郷里に関係する事項を、私（中村栄三）なりに整理して列挙したい。

❶交通体系の整備と拡充

具体的には、地理的に、東海道ベルト地帯の国土幹線軸から外れた和歌山県の復興の為には、国土軸と結ぶ「陸海空の交通大系の整備」が最重要課題であった。

【陸上交通】
○紀伊半島一周高速道路の全貌を国の整備計画に盛り込む
○和歌山県から奈良を経由して大阪・名古屋を結ぶ京奈和道路の整備等の道路整備
○ＪＲ紀伊線の特急「くろしお」の新大阪乗り入れ～新幹線に接続

【空の交通】
○関西の空の玄関口・関西国際空港の整備
○白浜空港のジェット化整備。１２００ｍ滑走路のプロペラ機の空港から１８００～

2000mのジェット機が離発着できる空港に整備

【海上交通】

○重要港湾の日高湾(御坊市)新宮港・和歌山下津港等の整備

❷防災・減災に関連する事業

「国土強靭化」に集約されるが、自身が体験した「7・18水害」や「狩野川台風」等の体験がベースになっている。

和歌山全域の津波対策ならびに、防災対策の拡充を実現した。

今後、コロナ禍対策等の危機管理への取り組みが期待される。

❸観光事業・国際交流と和歌山

「木の葉一枚に地域の観光資源はある。これを発見し磨きをかけるかどうかは住民の努力次第」が口癖の二階先生は、故郷の観光資源の開発に取り組んできた。具体的には、以下の事項を始めとして数多くの業績を和歌山で残している。

●トルコの軍艦・エトゥールル号の乗組員600人以上が死亡した遭難事故の慰霊祭をギュル大統領を串本町に迎えて開催するなど平和友好外交を展開すると共に故郷の観光

資源としてアピール。

●「世界津波の日」制定に伴って外国の高校生を招いて防災を学ぶ「世界高校生サミット」を開催し、和歌山県でも開催。濱口梧陵の「稲むらの火の館」での学習を展開。

●大賀蓮によるロータスロードの平和友好外交を展開し故郷の観光をアピールを展開。

❹県民の課題解決・弱者救済に取り組む

●鯨の街・太地町が商業捕鯨の廃止で苦境に陥る中、商業捕鯨の再開に尽力。

●鳥獣被害が拡がりを見せる中、鳥獣駆除やジビエ料理の普及に取り組む。

●車いす障害者のためのＪＲ施設等の公共空間でのバリアフリー化の推進。

●「部落差別の解消の推進に関する法律の制定に尽力」する。

一般的には、あまり知られていない二階俊博の郷里における政治実績の一部を具体的に中村栄三和歌山放送社長に紹介していただいた。

これらの業績は、たんに二階俊博が郷里・和歌山のためにだけ為したことではない点が重要である。自身の選挙区のためだけに行うのではなく、和歌山の問題は日本全体の課題にも通じることを熟知している二階俊博は、郷里の人々の声を日本の民衆全体の声として受け止め、日本全国のために政策立案し、次々に実行してきた。決して、自身の地元のみへの利益誘導はしないのが二階俊博である。

そうした二階の政治実績を誰よりよく知っているのが和歌山の人々だ。超多忙なスケジュールの中でも、なるべく時間をつくり、足繁く郷里に帰り、一人ひとりの庶民の声に丁寧に耳を傾けてきたからこそ、人々の生活に密着した細かな配慮を施した施策を実現できているのだと私は思う。

二階俊博の郷土愛は、深く、高く、広い。そして純粋である。

二階俊博を私は心の中で「紀州聖人」と呼んできた。二階俊博こそは、華岡青洲、濱口梧陵、南方熊楠らと並ぶ、いやそれを超える、深くて強い郷土愛の持ち主であり、「紀州聖人」と呼ばれるにふさわしい偉人であると私は思ってきたし、今もそう思い続けている。

4　門博文衆議院議員の証言――深い郷土愛に学ぶ

(1)　弟子の語る二階俊博の深い郷土愛

二階俊博の弟子とは門博文衆議院議員（自民党和歌山1区支部長）のことである。門の父親は自民党和歌山県連の職員を経て、県議会議員を10期40年務めた和歌山県では著名な地方政治家だった。県議時代の同志の二階俊博とは生涯を通じての最良の友である。二階俊博は門博文の結婚式の仲人である。

門は大学を出てからビジネスマンとして23年間生きてきた。和歌山出身の尊敬する松下幸之助が経営する会社で経営者を務めたあと、政治の世界で生きることを決意し、平成24年の衆院選に自民党から出馬し、衆議院議員となった。今は二階俊博幹事長の側近中の側近として働いている。二階俊博の和歌山県での活動に随行することが非常に多い。

門博文に師の二階俊博幹事長の郷土愛の深さについて聴いた。門博文は語る。

(2) 門博文の証言

二階先生は昭和50年に和歌山県議会議員になり、2期8年務めたあと、衆議院議員になり37年間務めています。合計45年間、二階先生は和歌山県のために尽くしてきました。

それ以前は静岡県の衆議院議員の遠藤三郎先生の秘書として働いていましたが、その間も二階先生は和歌山県を愛し、和歌山県のことを心配し、和歌山県のために働いていました。

私いま二階先生の近くで働いておりますが、二階先生の郷土愛の深さ、熱意はすごいです。「とにかくふるさとを良くしたい」、「ふるさとで生きておられる人々を少しでも豊かにしたい、幸せになってもらいたい」、「そのために自分に何ができるか」をいつも一生懸命考え、努力しています。郷土愛の塊です。私などとうてい及びません。

二階先生は今でも和歌山県によく帰られます。毎週必ずといってよいほど和歌山県に帰ります。自民党国会議員で10期、11期、12期と長く議員をやっておられる先輩議員ですら、二階先生のように選挙区に頻繁に帰る人はほとんどいません。ベテラン議員は選挙基盤も盤石です。土曜日、日曜日に東京にいる人は少なくありませんが、二階先生は違います。

週末に和歌山の地元に帰り、選挙中だけでなく和歌山県民の中に入り、つねに県民の声を聴いています。災害が起これぱすぐに現場へ行きます。

二階先生は衆議院議員になってから37年間ずっとこの生活を続けています。二階幹事長は今も毎週のように和歌山へ帰っています。この活動パターンは一貫しています。私たち後輩は見習わなければなりません。

二階先生の和歌山県への貢献で大きいのは紀伊半島一周の高速道路建設です。二階先生は40年前から紀伊半島一周道路の建設のために努力してきました。今は大枠が出来ました。完全開通まであと5年、10年かかると思いますが、紀伊半島と生活している人々は喜んでいます。二階先生はこの何十年もかかる大事業に取り組み、努力し続けてきたのです。

45年前に二階先生が紀伊半島一周高速道路建設の構想をうち出した時には、「ほらを吹いている」といわれた事もあったそうです。しかし二階先生は粘り強く努力を積み重ねました。

紀伊半島一周高速道路が完成した時、紀伊半島は大きく飛躍できると思います。

関西空港（関空）の建設と整備においても二階先生は活躍されました。関空は大阪府南部の泉州沖に建設されましたが、和歌山県民にとっては、「関空」は「和歌山空港」です。二階先生は空港誘致と空港機能充実のために、若い時から一生懸命に働きました。白浜空港の拡大と整備においても二階先生はよく働きました、今は東京との間には3往復飛ぶようになっていますが、二階先生の働きによるものです。

二階先生は湾港の整備にも大きく貢献してきました。二階先生の地元には日高湾があります。高速道路が完成すれば湾港と高速道路の間がつながります。湾港も発展します、人々の生活も改善されます。

和歌山県を代表する湾港は「和歌山下津港」です。大阪湾、神戸港と和歌山下津港を一体的に活用すれば関西の港湾も発展すると思います。

高野山と熊野古道は和歌山県を代表する二大観光資源です。コロナ禍が終われば、また海外から多くの観光客が来日してくれると思います。道路交通網の整備が完成すれば、以前よりも観光客が増えると期待できます。

二階先生の社会貢献のなかでとくに大きいのは「世界津波の日11月5日」の国連総会における決議です。これは二階先生の努力によって実現しました。二階先生は、和歌山県が生んだ偉人の濱口梧陵「稲むらの火」を、全世界に知らしめました。「11月5日世界津波の日」の行事は、日本だけでなく世界各地で行われるようになりました。

二階先生は文化学術面でも和歌山県に大きく貢献しています。和歌山県が生んだ「医学の天才」華岡青洲と、「知の巨人」南方熊楠の偉大な業績を広く知らせるための啓蒙活動にも熱心に取り組んできました。

二階先生は大賀蓮を全世界に広める文化活動にも取り組まれてきました。大賀蓮とベトナムの蓮とを交換し、ベトナムの蓮を和歌山県紀の川市において育てています。蓮の交流でベトナムのフック首相は紀の川市に来てくれました。二階先生は最近1000人の代表団とともにフック首相の郷里を訪問しました。このような友好親善の国際交流を和歌山県を拠点に行っています。

中国・韓国と和歌山の交流も頻繁に行われています。これも二階先生の努力の賜物です。

二階先生の深い郷土愛に私たち後輩は少しでも近づきたいと思い、努力いたします。

二階先生は、和歌山県民の誇りです。

5　鶴保庸介参議院議員の証言――つねに人のために尽くす二階イズムのルーツ

（1）　自民党の実力派エース的政治リーダー・鶴保庸介

鶴保庸介は和歌山県選出の参議院議員で、すでに20年以上におよぶ国会議員生活を経験してきている。代議士秘書を経て、1998年の参議院議員選挙で当時最年少の31歳で初当選を果たした逸材である。頭脳明晰、明朗快活、そして二階俊博譲りの郷土愛にあふれる政治家である。

鶴保庸介は、近い将来、日本政界のトップに立ち、日本国を担うことのできる高い能力を持つ逸材であるが、つねに謙虚に振る舞っている。師匠の二階俊博の第一の弟子として二階俊博に尽くすことが自分の天から与えられた使命であると考えている。鶴保庸介はアリストテレス流にいえば、二階俊博とおなじく倫理的卓越性と知的卓越性をあわせ持つ、非常にすぐれた正統派政治家である。

二十年ほど前、自由民主党と保守新党が対等合併した時、二階俊博は保守新党の同志たちを自民党の伝統的な派閥に移転させ、保守新党の同志たちの将来を確実なものにする措置をとった。この二階俊博の恩情により保守新党の同志たちは新たな活躍の場を持ち、飛躍した。この結果、二階グループは二階俊博と鶴保庸介の二人だけになった。鶴保庸介は、二階俊博とは切っても切れない深い関係の師弟であり同志である。ほとんど親子に近い関係である。

もともと、二階俊博の父親と鶴保庸介の父親とは親戚関係にあった。両家は身内である。鶴保庸介は「能ある鷹は爪を隠す」タイプの政治家である。私は、鶴保庸介は将来政界のトップに立つ可能性があると思っている。

以下、鶴保庸介の証言を紹介する。

（2）鶴保庸介の証言

二十数年前に私が初めて参議院議員選挙に出た時には、私は自民党ではなかったのですが、二階先生が応援に来てくれ、有権者にむかって「あなた方は、自民党の参議院議員を見たことがありますか？　自民党の参議院議員を見たことがある人は手をあげてください」と言ったのです。二階先生はいったい何を言いはじめたのかと思いましたが、次にこう言ったのです。

「地元に帰らなくても良いと考えているような者を地域の代表として選ぶ必要はない」と演説したのです。聞いていた聴衆がすごく盛り上がりました。二階先生は地元を大切にする政治家です。

二階先生は今でも頻繁に和歌山県に帰ります。大先輩が三十数年間欠かすことなく地元に帰り続けるものですから、我々後輩も頻頻に地元に帰ります。私はしばらく前、ANA（全日空）から表彰されました。搭乗回数が多くマイルが沢山たまったからです。二階先生を見習って、できるだけ多く和歌山県と東京を往復しています。

二階先生はアイディアが豊富な人です。有権者が二階先生のところへ陳情に行くと、逆に陳情の仕方を教えられます。陳情した人が戸惑うこともありますが、結果をみると二階先生のアイデイアが正しいことがわかります。

二階先生の政治家としての仕事ぶりをみますと、二階先生のお父上の二階俊太郎先生（元和歌山県議会議員）の影響があると思います。私の父の遠い親戚ですが、父から聞いたところでは、二階俊太郎先生は、地元の人たちとスクラムを組み、顔を真っ黒に焼きながら地元を駆け回って庶民に密着した大変すぐれた政治家だったそうです。

御坊市の近くに名田という地域がありますが、名田地区には二階先生のお父上の「二階俊太郎」先生の銅像が立っています。

当時名田の土地で土地改良事業が行われ、素晴らしい花園ができました。地元の人たちはそれを行った「二階俊太郎先生」を尊敬して銅像を立てたのです。二階俊博先生のお父上の二階俊太郎先生は、それほどまでに地元民から慕われ尊敬される政治家だったのです。

二階俊博先生は無口な政治家です。饒舌な方が多い政治家にはめずらしいタイプかもしれません。このため時には誤解される時もありました。しかし、二階俊博先生のすご

いところは決して、自己弁護はしません。大きな人物です

無口であるため、二階俊博先生は常に多くの選択肢をもっています。自分もいろいろ経験を重ねて、「無口」のメリットが少しずつ分かってきました。余分なことは言わない。だからこそ、相手の話をじっくりと聴く。約束したことは必ず実行する。これが二階俊博先生のスタイルです。

二階俊博先生は人との付き合いを大変大事にします。人間同士の付き合いの天才です。これはお父上の二階俊太郎先生の影響が大きいと思います。これも私の父から聞いたのですが、二階俊太郎先生は人との付き合いを非常に大事にしました。二階俊博先生は「去るもの追わず、来る者拒まず」の生き方を貫いていますが、これはお父さん譲りの生き方だと思います。

ある時、北山村（三重県と奈良県に囲まれている飛び地の村）の村長が、昭和の大合併のときに、二階先生を訪ねてきて「二階先生、私たち、飛び地をやめて三重県か奈良県に行こうかと、和歌山県を離れようと考えているのですが、どう思いますか」と言いました。私はその場にいました。二階先生は大声で一喝しました。「別の県に行く人であれ

ば、俺のところになんか来なくていいよ」。二階先生はあくまで「去る者追わず、来る者拒まず」です。北山村は今も和歌山県です。

二階先生は、自分の行動に関するルールをたくさん作っている人です。小さなルールが沢山あり、それを守って生きています。二階先生の生活は非常に道徳的です。私は長い間二階先生のそばにいますから、二階先生のルールを知り、それを後輩議員に伝えています。政治家にとって重要な基本ルールが沢山ふくまれていると思います。

ある時期、私たちのグループの国会議員は二階先生と私の二人だけになりましたが、これは、二階先生がグループのメンバーの将来を考えて、それぞれが生きていく道を与えたのです。われわれのグループの人たちのうち、私以外のメンバーはそれぞれのポジションを得ることができたのです。二階先生は自分のグループの人数が減ることなど気にもかけず、その人のことを第一に考えてアドバイスしたのでした。このように、二階先生はいつも人のことを大切に考えています。そして、その人のこれから先のことを心配しているのです。

私たちは、最終的に自民党と保守新党が合併する形式をとって自民党にもどるのですが、二階先生は、私の将来を考えて、そうして下さったのではないかと思います。二階先生は何も言いませんでしたが、御自身が自民党にもどるのはつらかったのではないかと思います。しかし、自民党にもどると二階先生の快進撃が始まりました。

今回の安倍前総理辞任後、二階派の中に二階派として総裁候補を擁立すべきだという意見もありました。なかには二階幹事長の自民党総裁選擁立を考えた人もいました。その存在感の大きさと実績からすれば、当然の考えともいえます。しかし、私は二階先生は総裁をめざさないだろうと考えていました。二階先生に「総裁選に立って下さい」と言いに行きたいという人には「無駄なことはしない方がよい」と私はアドバイスしました。二階先生は幹事長の立場で社会に貢献したいと一心に考えていたと思います。それ以上の上、つまり総理をめざす考えはまったくないと思います。

二階先生は、つねに地元を大切にし、民衆のこと、とくに恵まれざる人々のことを考え、大衆とともに生きる政治家です。

私も、二階先生を模範として、少しでも二階先生に近づけるような自身でありたいと日々、精進を重ねております。

6　偉大なる両親の博愛人生——両親から受け継いだ魂

二階俊博は無口である。家族も含めて二階俊博一族は、みんな無口な紳士・淑女である。そんななか、二階俊博の父母について時々耳にすることがあった。二階俊博の両親は、地域の人々から非常に尊敬されていた。母親の家系は代々医師であり、母親は東京女子医専（現・東京女子医大）出身の優秀な医師だった。和歌山県の地域医療に多大の貢献をした女医で、地域の人々を助けた。地域の人々は、医師の二階菊枝先生に深く感謝し尊敬していた。

父親は、地元の人々から非常に尊敬され慕われたた地方政治家だった。謙虚な人柄で、人格者として知られていた。

両親とも地域の人々の幸せのため全力で働いた奉仕の人だった。

これまで、二階俊博の両親の足跡について、正確に記述した資料に出会うことがなく、地元の両親と親交のあった人々の証言が主な情報源だったのだが、今回、本書執筆にあたり私の所属する東日本国際大学の関係者が和歌山県在住の知人を通じて、資料を届けてくれた。その資料は、平成3年6月30日に、『二階菊枝さん 葬送の記』と題するもので、菊枝女史の一回忌に際して編集・出版されたものである。このとき、二階俊博の父・二階俊太郎氏の十七回忌も併せて執り行われ、昭和51年10月4日に刊行された『故二階俊太郎先生の追想記』から抜粋された文章も収録されている。

最初のページに、昭和46年5月に東京で二階俊太郎氏叙勲に際して撮影された、二階俊太郎・菊枝ご夫妻の写真が掲載されている。品格ある美しい高齢の夫妻の写真である。

二階菊枝女史の告別式は1990年7月29日に和歌山県御坊市立体育館において行われた。葬儀委員長は仮谷志良（和歌山県知事）。参集した人の記録の中には、奥田敬和（自治大臣・国家公安委員長）、佐藤恵（経世会代表）、中西啓介（衆議院議員）、野中広務（同）、伊吹文明（同）、松田岩夫（同）、岡島正之（同）などの名があった。皆、私が交際したことのある政治家である。

二階菊枝女史の葬儀には2万8千人もの弔問客が参集し拝礼した。和歌山県人だけでなく、全国の人々から深く尊敬されていた二階菊枝女史の偉大さが示された。

二階菊枝女史の葬儀において主な弔電が読まれた。その中に、自由民主党総裁・内閣総理大臣・海部俊樹、衆議院議員・経世会会長・金丸信、元内閣総理大臣・竹下登らの弔電があった。偉大な母・二階菊枝女史とともに、子息の二階俊博衆議院議員の存在の大きさも示された。

この資料の最初に「二階菊枝さんの歩み」が記されている。貴重な記録である。全文を引用する。


「二階菊枝さんの歩み」

二階菊枝さんは明治32年11月1日、日高郡は龍神村殿原において、当時、医師の古久保良輔さんと母さわさんの三女として呱々の声を上げられました。

西牟婁郡の富里小学校、岩田小学校、栗栖川小学校高等科を経て旧制田辺高等女学校を卒業の後、大正8年日置小学校の代用教員として教壇に立たれた日もありましたが、お父さんの「医者を継いでほしい」とのたっての願いを受けて、翌年の大正9年東京女子専門学校、現在の東京女子医科大学に進み、東京女子医専の創立者であり女性医学界の先駆者であられた吉岡弥生先生の門下において、大正12年のあの関東大震災の頃、当時としては数少ない女子の医学生として学業に励まれ、大正13年医師免許条を取得され、その年、御坊市新町において女医さんとして開業されたのであります。

大正から昭和の時代にかけて、多くの患者さんたちから慕われ「古久保先生」、「せんせはん」として信頼を集めておられました。

後に、すでに故人となられた元和歌山県議会議員二階俊太郎氏と結婚され、二男二女に恵まれました。

子育てと共に医師としての仕事、さらに政治家の妻として、また後には政治家の母としてその選挙活動を蔭から懸命に支える内助の功を多年にわたって尽くされて来られたことは地元の方々の間ではよく知られております。

戦後は主に和歌山県湯浅保健所の医師として地域医療に長く貢献されました。

明治、大正、昭和、平成と実に90年にわたる生涯を通じてあくまでも明治の女性として立派に生き抜いてこられた二階菊枝先生――安らかに大往生を遂げられ、おそらくや今、草葉の蔭でまさに「我が生涯に悔い無し」さらには入院中に繰り返しておられたという「皆さまのお蔭です。」と満足気に微笑んでおられることと拝察されるのであります。

ご参列の皆さまと共にここに謹んで永遠に安らかであられますようお祈り申し上げます。

『二階菊枝さん　葬送の記』に、昭和50年10月4日に逝去した、二階俊博の父親「二階俊太郎氏を偲ぶ会」発行の『追想記』からの文章が掲載されている。『追想記』の題字を揮毫したのは衆議院議長も務めた山口喜一郎である。

二階俊太郎氏の葬儀で弔辞を読んだ衆議院議員の正示啓次郎は次のように述べた。全文を引用する。

弔　辞

正示啓次郎

今は亡き勲五等双光旭日章二階俊太郎翁のご霊前に謹んで弔事を捧げます。

二階さん、貴方は明治33年、西牟婁郡三舞村にお生まれになり、若くして教壇に立ち、さらに外国航路の船員として太平洋横断十数回の御経験をされましたが、つとに青雲の志を政治の道に立てられ、その第一歩として紀伊新報御坊支局主任として踏み出されたのであります。

その後、御坊に地元新聞を創設、その経営に当たられましたが、その間、当時の県議小池丑之助氏の知遇を得て、県政界に打って出る布石を着々と固められました。偶々、昭和13年の県議補欠選挙に立候補して見事当選の栄誉に輝いたのでありますが、その時若干38歳の若さでありました。もっともこの度、故人の遺志を継いで新進気鋭の県議にデビューせられた喪主俊博君は更に二歳もお若い36歳であられることについてはさぞかし故人もご満悦であられたことと推察申し上げます。

爾来、県議、稲原村長さらに当時として日高地方最大の企業と言っても過言でない御坊造船社長等の要職を立派に遂行された後、戦後の追放時代を経て、昭和34年、県議に返り咲き、42年までの8年間に土木委員長、農林委員長、自民党県連御坊支部長等の重責に当たられたのであります。

二階さん、貴方の戦前、戦後を通ずる県議17年間のご功績は枚挙に遑《いとま》ありませんが、就中、特筆大書すべきは、若野井堰、野口井堰、六郷井堰の大合同を実現せられ、戦時下のあらゆる悪条件を克服して、実に3ヵ年の日子《にっし》を費やし、昭和19年待望久しい堅牢な統合井堰を完成して、日高平野千数百町分にわたる治水千年の灌漑施設を遺されたことであります。

また、昭和35年、私が政界に志を立てました頃、名田町の畑地灌漑建設のため、当時の農林大臣福田赳夫氏の来坊を見て、実現せられ、さらに42号線国道昇格の実現は今なお記憶に新たな所であります。

二階さん、貴方は実に人に愛される立派なお人柄でした。貴方のお世話になった数多くの方々がこの御仁徳をお慕い申し上げたことは申すまでもありませんが、私自身も政界への先達役としてご指導を賜りあの堂々たる政壇演説を以て幾度か聴衆を魅了していただいた思い出も尽きません。

しかも、戦後の公職追放という言い知れぬ苦難の道を経られながら、実に春風駘蕩、大人の風格を備えておられ、今回念願の御令息に遺志を継がせられ、今後、愈々《いよいよ》紀州政界の長老としてお教えを受けたいと念願しておりましたのに、好事魔多しとかや、この度、突然にしかも、文字通り、眠るが如く大往生を遂げられたことは、返す返すも残念の極みであります。

ここにご生前のご功績を讃え、ご遺徳を偲び、お受けした数々のご厚情を衷心お礼申し上げ、お別れに際し心からご冥福をお祈り申し上げ弔辞と致します。

昭和50年10月7日

（衆議院議員）

二階俊博の父・二階俊太郎氏の葬儀の時には、和歌山県知事代行者、和歌山県選出の国会議員、和歌山県議会議員の多くが参列し、和歌山県を代表する政治家が弔辞を捧げた。この中には、中央政界で大活躍していた大物政治家の早川崇（衆議院議員）もいた。早川崇議員に、私は、何回か会ったことがある。

友人代表の町田義友（和歌山県議会議員）の弔辞は、二階俊太郎氏がいかに偉大な人物だったのかが切々と語られている。それとともに後継者の、長男二階俊博に対する和歌山県民の強い期待が述べられている。全文を引用する。

弔辞

町田義友

秋、落葉の秋、さりげなくとも秋は人の心の寂しさを誘うものです。ましてや巨星落つ、大橋知事の逝去に悲しみと心の痛みを覚ゆるのとき、友人、二階俊太郎君を失う。

噫、人生何たる悲常ぞ、ここに霊前に立ち、心からなる弔意を表し、永遠の別れを惜しまんとす。

「二階君」、こう呼べるのも今日限りと思えば、千万無量の悲しみ禁じ得ない。君と僕とは同じ西牟婁郡日置川の流れ、君は久木に、私は近露《ちかつゆ》に、生れは同じ川の水。そればかりでない。戦前、県議会に席を並べ、政友、民政の激しい中に、中立派として同僚、今は亡き西川瀼君と石川君と四人、同じ仲間のめしを食った。それのみか、昭和21年、敗戦の占領下に於で行われた全県下一区の国会議員総選挙に四十八名に交って、桜の花の下に駒を走らせ、まだ若かりし頃の情熱をたぎらしたのも二人だった。そして二人とも追放令のもとに君は村長として、私は翼賛壮年団長として、共に格子なき牢獄に泣いて、昭和21年12月を最後に政界から遠ざからずを得なかった悲しみも亦一緒だった。

そして、私が一歩先に追放令を解かれて、衆議院選に更に四回挑戦した時は、君の亡き母共々陰に陽に私を援けて下さったあのご恩義は忘れられない悦びであった。

二階君。

そして再び戦後の県議会に席をならべたあの頃が懐かしく思い出される。君の特徴ある快弁は二階調として独特の味を持ち、記憶力特にすぐれ、昔物語りに舌を巻くことしばしばであった。君の東京へ通い、議会壇上で何度か叫んだあの名田の畑灌漑演説、国道42号線の由良廻り等、君の苦労と君の至誠、君の雄弁の質問が見事実現させた功績は大なるものがある。今、県庁北別館前に立つ浜口初代県会議長の銅像も君の小野知事に対する質問がかちとったものである。いつも今もあの銅像を見る度に、これから君を憶うであろう。

同じ地平線上に健在であると思う時は、その人を思い浮かべず、考えず、思い出すものではない。今、君逝いて再び逢えぬと思えば、過去一切の思い出が美しく胸に浮かぶものだ。二階君、君の残したあの銅像を見る度に、君への合掌を忘れないであろう。戦前の議会を語り得る無二の親友を失った厳しさ、悲しさがこみ上げてくる。

しかし、二階君。名田のスプリンクラーは永久に君の熱情と功績を物語って廻り続ける。

由良廻りの国道も、駅裏の掘割り河川も歴史と共に残る。それよりも何よりも君の長男俊博君はあの激戦の中に見事当選して、君の良き後継者として議会の新人花形として活躍していることは、当人、俊博君の力量と友人、後援者の力であるとは云え、君の残した遺徳の力だと思う。君の目の黒い間に立派な後継者をつくりあげた君は幸福者と云っても、過言であるまい。私も亦、俊博君の将来に大きな希望と夢を抱いて、出来る限りの力になりたいと思う。この言葉、この心情こそ百万言を費やすより、君への友情に報い、君を弔う唯一のはなむけと信じる。

二階俊博君は立派な男だぞ。

では、尽きせぬ別れを惜しみ、深い悲しみの中に、心から君の友情を謝し、君のめいふくを祈り、弔辞の筆を折る。

霊よ、来りうけよ。

昭和50年10月7日

（県会議員　友人代表）

二階俊博は、心血を注いで「世界津波の日・11月5日」（「いなむらの日」濱口梧陵の功績）を実現したが、濱口梧陵の銅像を県庁北別館前に建造したのは父親の二階俊太郎氏であったことが弔辞で明かされている。濱口梧陵の偉業を後世に伝える事業は、二階父子二代によって為されたのである。

二階俊博の政治家としての魂の真の源は、文字通り生みの親、育ての親の父・二階俊太郎氏と母・二階菊枝女史だったのである。二人の偉大な魂が二階俊博に継承され、現在の二階俊博の魂になっているのである。

二階親子は、まさに、紀州の親子鷹と言ってよいと思う。親といっても一人ではない。両親、父と母である。二階俊博は、父親の仏のごとき高い人格と母親の慈母のごときやさしさをあわせて相続したのである。

「偉大な天才は、他の偉大な天才によってつくられる」と言ったのはドイツの詩人ハイネである。

二階俊博という天才をつくったのは、二階俊博の両親だった。

二階俊博のルーツは、すべての人から尊敬された聖人のごとき、両親にあったのである。

二階俊博は、この両親の、つねに人のために働くという高潔な奉仕の精神を引き継いで政治家への道を進んだ。ここに二階俊博の魂のルーツがある。

二階俊博は、大学卒業後、中選挙区時代の静岡県二区選出の遠藤三郎代議士の秘書になった。当初は愛知県選出の大物政治家・江崎真澄代議士（江崎鐵磨衆議院議員の父）の秘書を希望したが実現せず、江崎真澄代議士と親しかった遠藤三郎代議士の秘書となったという話を聞いたことがある。遠藤三郎代議士は大変すぐれた政治家だった。遠藤三郎代議士は父親の二階俊太郎と親しい関係にあった。父は息子を遠藤代議士にあずけたのである。静岡二区で二階俊博は、非常に優秀な秘書として多くの人々から慕われ愛された。

私の郷里は伊豆の伊東である。伊東市は遠藤三郎代議士の選挙区であった。伊豆半島の古い政治関係者は、今も、非常に優秀で行動力のある二階俊博秘書のことを覚えている。古い遠藤三郎代議士の支持者の一人は、「二階俊博さんは、すごく優秀な秘書さんでした。陳情をよく聞いてくれました。実行力は大臣以上でした」と語った。

「二階さんには大変お世話になりました」との声は静岡県の各地で聴いた。二階俊博は、静岡二区の地元民から深く尊敬されていた。二階俊博には、遠藤三郎代議士の後継者となる道もあったが、二階俊博は郷里に帰り、和歌山県議会議員になり、そして国会議員になった。二階俊博は将来和歌山県のために働こうと決意して静岡県の政治家・遠藤三郎代議士のもとで政治家としての修業を積んだのである。

二階俊博は、県議会議員8年、衆議院議員37年、計45年の議員活動を通じて、世界平和のため、人類の幸福のため、日本国民のため、和歌山県民のため、旺盛な奉仕の精神をもって働き続けてきた。そして、いま、日本政界の最高実力者と言われる大きな存在になった。

いま、二階俊博は、政治家としての総決算の時を迎えている。天才的な政治能力を活かして、国内政治だけではなく国際政治の面でも、大きな課題に挑戦しようとしている。これから、もう十年、頑張ってほしいと私は願っている。

政治家・二階俊博がめざすのは、恒久平和の実現と人類社会の強靭化である。二階俊博は、この十年、国土強靭化に努力してきたが、これから人類社会全体の、社会資本だけでなく思想・文化を含む社会全体の強靭化である。強靭化とは、強くしなやかで再生可能な力強い社会を築くことである。恒久平和と人類社会の強靭化のため、これからの十年、少なくとも2030年代まで働き続けて頂きたいと願う。

第五章

新たな課題への挑戦

恒久平和と人類社会強靭化のために

「「時」の歩みは三重である。
未来はためらいつつ近づき、現在は矢のように速く飛び去り、
過去は永遠に静かに立っている。」……………………（シラー）

1　二階俊博幹事長の最近の言動に示された「二階イズム」

二階俊博幹事長は、寡黙であるが、最近、積極的に発言し始めている。「二階イズム」というべき二階幹事長の政治理念を語り始めた。これは大変よいことである。最近とくに目立つのは、以下の三つの問題に関する二階俊博幹事長の発言である。

第一は日中関係と日韓関係、第二は田中角栄の評価、第三は政府与党連絡会議の運営の改善――である。

(1)　日中関係と日韓関係

二階幹事長は2020年11月13日(金)夜、BSフジ「プライムニュース」に出演し、キャスターの質問に冷静かつ丁寧に答えた。幹事長就任依頼、マスコミへの出演を幹事長代行にまかせてきた二階幹事長としてはめずらしいことである。BSフジ・プライムニュースのキャスターは中国と韓国がひどく嫌いな人のようだった。執拗に二階幹事長から反中国・反韓国の発言を引き出そうとしたが、二階幹事長は誘導に惑わされることなく、堂々と自らの持論を次のようにしっかりと述べた。

「隣国とは仲よくしなければならない。国は引越しはできないのだ。だから仲よくするのだ。日本が隣国と仲よくやれる国か否か、全世界が注目している。日本が世界で尊敬される国であるためには、隣国と仲よくやれる国であることを示さなければならない」

最近我が国内部でも中国、韓国を敵視する偏狭なナショナリズムが広がりをみせている。あたかも中国と韓国との対立を煽るかのような空気が強まっている。中国、韓国を植民地化した第二次大戦前の中国・韓国への偏見が、一部の政治家や言論人の中に復活しつつあるのだろうか。「二度と戦争はしない。アジア諸国を侵略しない」との第二次大戦後の日本国民の誓いに反する空気が強まってきている。二階俊博幹事長は、こうした風潮を鎮めようとしているのだ。

中国についていえば、米国政府は中国包囲網をつくろうとして、アジア諸国に働きかけている。日本への働きかけは、かなり激しくなっている。日本のなかに、アメリカの働きかけを受け、徐々に中国包囲網形成に組み込まれるような危険な傾向が拡大している。これを許したら日本国民の安全を守ることはできない。韓国と対立しては日本の未来はない。二階俊博は日本の安全と繁栄のために奮闘している。

日本にとって米国は安全保障面での同盟国だが、日本の経済は中国に大きく依存いている。多くの企業が中国に進出し、中国で生産活動を行っている。日本国内で反中国の空気が高まるなかで、一部の企業は中国から撤退し、ベトナムなど中国以外のアジア諸国に工場移転をはかろうとしているが、すぐにできるわけではなく、時間がかかる。世界の〝工場〟としての中国の重要性は依然として大きく、多くの日本企業はまだ中国で操業している。国は安全保障さえよければよいというわけにはいかない。経済の安定は安全保障のためにも必要である。

日本は経済の国である。日本が中国を敵視するとすれば、それは大変危険なことである。日本は米国との友好関係を保ちながら、同時に中国との経済協力関係を維持する知恵と能力を発揮すべきである。さらに、日本は積極外交を展開し、米中の和解のために働かなければならない。これが「二階イズム」である。

日本政府が米国政府に追従して中国包囲網に加わり、中国と敵対関係に立つことになった場合、中国内の日本企業が保護される保証はない。むしろ日本企業が蒙る損失は莫大なものになるおそれがある。極端にいえば、日本政府がアメリカに従って、反中国包囲網に加わることは、中国にいる日本企業を見捨てることを意味する。そんな事態になれば、日本経済は大混乱におちいる。日本は米国政府の敵対的な対中国政策に同調すれば、このことによって、経済力を急激に減退させる恐れがある。これは日本にとってよいことではない。

日本にはアジアの中心国としての政治的経済的責任がある。アジアの平和を守り、アジアを経済的に繁栄させる責任を負っている。日本は自らの国益を守るためにも、米中対立のなかで米国側にだけ与することはできない。アジアの重要な大国である日本には米中両国間の架け橋になるべき使命がある。

二階俊博幹事長は平和主義者である。日本はアジアの平和に重要な責任を負っている、と考えている。

米中対立の中で米側にのみ日本が立つことは、平和を守る道ではない。日本はあくまで友好的な日米関係とともに友好的な日中関係をも維持しなければならない。

自由民主党内では、最近、反中国的な主張が強まっている。自民党議員のなかに反中国思想をもつ国会議員が増えている。米国、オーストラリア、英国、台湾と共に中国とあえて敵対しようとする政治家と言論人が増えている。軍国主義的傾向も強まっている。これは平和と経済の国である日本にとって大変危険なことである。

二階俊博幹事長は、この流れ拡大を止め、米国だけでなく中国とも平和友好関係を維持し強化しようとしている。これは尊いことである。日本国民は二階幹事長の平和主義を支持しなければならない。それによって、平和国家日本を守り抜かなければならないと、私は思う。

最近、私は日本語に翻訳された中国の新聞などをよく読んでいるが、中国内の論調は微妙に変化し始めている。中国政府は日本との平和友好関係を望んではいるが、日本政府への警戒感を徐々に強めているように私は感じている。日本が米軍の中国への軍事行動の基地化しつつあるとの見方が中国国内で強まっている。中国政府は日本との平和友好関係の維持・強化を強く望んでいるが、中国人民の対日感情は微妙に変化しつつある。とくに「コロナ」以後、中国の対日批判は激しくなっている。

万が一、米軍が中国本土を攻撃すれば、中国は反撃する。中国人民軍のターゲットは日本の中の米軍基地であるが、米中戦争が勃発すれば、攻撃されるのは米軍基地に限られない。米中戦争になれば、米軍側に立つ日本の中心地も核ミサイル攻撃のターゲットになることは避けられない。そうなったら、日本は破滅である。

日本は軍事で生きるべきではない。あくまで平和国家として、経済と文化・科学技術の国として生きるべきである。

二階俊博幹事長は、日本はこの道を進むべきだと考えている。

米国政府の対中国政策に同調して日米軍事同盟だけで日本が生きるのか、それとも同時に日中友好関係を維持するのか、という大きな岐路に立たされている。二階俊博幹事長は、日本を米中両国と同時的に協調する方向へ進めようと努力している。

二階俊博幹事長は、平和を希求する日本国民の真のリーダーであると私は思う。米国とともに中国との平和友好関係を維持しようと奮闘している二階俊博幹事長こそ、アジアの平和と日本国民の守護神であると私は思う。

韓国との関係も重要である。韓国における文政権成立後、安倍晋三前内閣の姿勢は韓国に対して強硬だった。韓国政府が態度を改めない限り話し合いには応じないとの厳しい態度をとり続けてきた。この安倍政権の姿勢を、日本のマスコミも支持してきた。

しかし、二階俊博幹事長は「隣国とは仲よくしなければならない。日本が隣国と仲よくできる国であるか否か、世界中が注目している。韓国との平和友好的な関係も守れないような日本は世界中から尊敬されない。日本の国際的信用を維持するためにも平和的日韓関係は守らなければならない」と主張している。この二階俊博幹事長の態度は正しい、と私は思う。韓国側も菅義偉新内閣との間に友好的関係をつくりたいと望み、努力している。

韓国の新聞も日本語に翻訳されており、主な韓国紙の論調は読むことができる。韓国の新聞を読んでいると、韓国民と韓国政府が、日本は韓国にとって非常に重要な隣国であると考えていることがよくわかる。韓国国民のなかに日本に対して歴史的経緯もあって複雑な感情を持っている人はいるが、しかし、多くの人々は日本との友好協力関係を強く望んでいる。日韓両国政府に立場の違いがあっても、その違いを越えて友好関係を確立したいと望んでいる。政府も経済界も一般の国民も、大多数の韓国人は日本との友好を強く望んでいる。

しかし、菅内閣になっても日本政府の韓国への冷淡な態度は変わらないように見える。私は、菅内閣にはもう少し柔軟な態度をとってほしいと思う。

韓国側が全力をあげて日本との関係改善のために努力している今の状態は、永遠に続くわけではない。それほど長くは続かない、と私は予想している。

二年前に、私が訪韓して会った韓国の日韓関係のキーパーソンたちは、基本的に日韓友好を非常に大切なものととらえていた。日本のマスコミが過剰報道と思えるほど大きく伝えるソウル日本大使館近くの慰安婦像も、実際に訪れてみると日本大使館をはさむ道路脇に小さく置かれていてあまり目立たない。行き交う韓国の人たちが目を止めることもない状態だった。日韓両国のマスコミが報道するほど、韓国国民は反日的ではないと私は思う。

ただ、韓国側からの日本への友好のアプローチが日本側から徹底的に無視されたと韓国民が感じた時には、日韓関係はより悪い方に変わるおそれがあるかもしれない。韓国民の反日感情は燃え上がる危険性がある。これは日本にとってよくないことである。多少不器用な韓国側からの友好を回復したいというメッセージだが、日本政府はそれを無視してはならない。日本はそれを和解のチャンスとらえて日韓友好に活かしていくのが、国際社会における大人の振る舞いというものであろう。

いま、日本側で従来と変わらずに難局に対し日韓友好の態度を貫いているのは、政界では二階俊博幹事長と河村建夫日韓議員連盟幹事長そして二人の周辺の政治家たちだけかもしれない。あえて言えば、二階・河村の二人は日本政界の中では孤立しているのかもしれない。しかし、二人はあきらめない。頑張って頂きたいと願う。

日本政府は原則的な態度まで変える必要はないが、しかし、あまりに韓国に冷淡な態度をとり続けることは大人気がない。意見がいかに対立しようとも隣国との話し合いまで拒んではならない。それは外交努力を放棄するに等しい愚行である。日本は外交で立つ国だ。日韓友好関係を回復し、今後も維持するために広い心を持たなければならない。菅義偉総理は、日韓首脳会談に応ずるべきである。会談まで拒んではならない。

二階俊博幹事長は、韓国に対して寛容な心で接触し、交流している。私は、何度か二階俊博幹事長の訪韓に同行し、韓国要人との交流のようすを実際に見てきた。二階俊博幹事長と何人かの韓国の要人との間には、強い人間的信頼関係がある。菅義偉総理は二階俊博幹事長を〝総理特使〟として韓国に派遣し、文在寅大統領との首脳会談の条件を整えることを検討してよいのではないか、と思う。今後、日本と韓国が好ましい隣国関係を続けていくことは日本政府の責任であると考えるべきである。

(2) 自民党内における「田中角栄政治」再評価・復活を主導する二階幹事長

最近、田中角栄を再評価する出版物が目立っている。大変よいことであり、当然のことだと思う。田中角栄という偉大な政治家を正当に評価すべきである。1970年代、日本の政治は失敗した。とくに田中角栄を潰そうとした米国支配層に同調して、田中政治を否定したことは大失敗だった。日本にとって、この損失ははかり知れない。

1970年代の前半期、世界情勢に大きな変化が起きた。

一つは、中国が国際社会の重要な存在になったことだった。

米国は、中華人民共和国と国交を結び、中華人民共和国政府を中国の正式の政府と認めた。米国は台湾政府を中国を代表する政府とは認めないことにした。この結果、中華人民共和国は国際連合常任理事国となった。台湾の中華民国政府は国際連合から排除された。これは、国際政治の当然の流れであった。

日本政府も中華人民共和国との国交を樹立した。1972年7月に発足した田中角栄内閣は従来の対中政策を根本的に変更した。同年9月、田中角栄総理と大平正芳外相は北京を訪問し、周恩来首相、毛沢東主席と会談し、日中共同宣言に署名し、日中国交樹立を宣言した。アジアに新時代が訪れた。日本と中国が強い絆で結ばれた。

もう一つは1973年に起きた石油危機である。イスラエル軍に敗北し続けていた産油国が反撃に出て、イスラエルを支持する国へは石油を売らないと宣言した。石油にどっぷりと漬かっていた世界経済界はパニックに陥った。

日本政府は産油国に対して独自外交を展開し、産油国からの石油供給を実現した。田中角栄内閣は中東に対し独自外交を実行した。

日中国交樹立も田中角栄内閣の独自外交の成果だった。そして石油についても独自外交を展開した。

日本政府が独自外交をしたことに米国政府が腹を立てた。米国政府は田中角栄に不信感と強い警戒感をもった。米国政府と米国政府に同調する日本政界の一部が手を組んで、田中角栄排除の策謀が実行された。

「ミスター自民党」だった田中角栄は、失脚しただけでなく検察によって逮捕され刑事被告人にされた。当時の自民党政府は非情にも田中角栄を切り捨てた。田中角栄は、自ら自民党を離党した。

このことは日本にとって大きな損失だった。天才政治家田中角栄の傑出した能力は、日本国民のためでなく、田中角栄自身の名誉回復のために使われるようになったからだ。

あれから四十数年の間、田中角栄名誉回復の動きはあったが、米国政府に忖度する政界とマスコミは冷淡だった。

しかし、最近、田中角栄再評価の気運が出てきた。自民党幹事長になった二階俊博が、この動きを後押しした。二階俊博幹事長はマスコミで「田中角栄元総理は、私の師である」と語ることが多くなったことにより、田中角栄再評価の動きが政界に波及しはじめた。

最近、私は数十人の自民党政治家に直接取材をしたが、その際、尊敬する政治家として田中角栄の名を挙げる議員が何人もいた。田中角栄は自民党内だけでなく、言論界でも復活しつつある。

２０２０年10月に発行された『月刊日本』２０２０年11月号に「いま角栄先生ならどう考えるか」と題する二階俊博幹事長のインタビューが掲載された。この中で、二階俊博幹事長は次のように語っている。

《「田中角栄」というと、何か大きな声で全体を引き締めるような、恐ろしい人のように受け取られがちだけども、田中先生は非常に心根の優しい立派な政治家でした。田中先生は人々に対して、特に恵まれない立場の人々に対して愛情を持っておりました。それは素晴らしいことだと思います。我々は尊敬をもって「この人にならついていける」、こういう気持ちで田中先生にお仕えしてまいりました。いまもその気持は変わっていません。何かあったとき、「田中先生ならどう考えるだろうか」と立ち止まって考えることが私の習わしになっています。》

田中角栄内閣が誕生したのは1972年だった。この年、私はフリーのライターになり『中央公論』編集部から依頼された「自民党論」を書くため、自民党の取材に取りかかった。田中角栄が総理に就任した直後のことだった。自民党を取材した際、協力してくれたのが橋本登美三郎幹事長、竹下登筆頭副幹事長、奥田敬和広報委員会副委員長だった。三人とも非常に魅力的な人物で、親切で、新米フリーライターの私の取材を助けてくれた。橋本幹事長は田中角栄総理と会う機会をつくってくれた。私は集団取材を含めて数回にわたり田中角栄総理と会った。非常に善良な、純粋な魂をもった明るい大きな人物だった。人柄はきわめて率直で魅力的であり、誰からも好かれるタイプの大物政治家だった。二階幹事長の言うように「優しい心」の持ち主だった。田中角栄は、田中金脈問題でマスコミから叩かれ、ロッキード事件で無理矢理被告人にされ、自民党を離党せざるを得なくなったが、これは米国情報機関に乗せられた当時の日本のマスコミと政治家と役人の大きな過ちだった。

自民党は田中角栄を否定した。これは大きな過ちだった。しかし、自民党はいまだに公式には、このことを反省していない。

二階俊博幹事長は、田中角栄の真実を語り始めている。そして田中角栄政治の再評価を進めている。最近幹事長室で懇談している際に、二階幹事長は「田中元総理の揮毫がみつかりました……」と私に田中角栄の毛筆で書かれた色紙を見せてくれた。そこには大きく「國魚」と記されていた。達筆である。力強く伸びやかな見事な筆致である。

二階俊博幹事長は「人に優しい政治」の実現をめざしている。この「優しい政治」は田中角栄政治と同じものである。

1970年代の石油危機後、サッチャー英国首相によるサッチャー革命とレーガン米国大統領によるレーガン革命により新自由主義革命が起こり、全世界に広がり、世界全体が新自由主義の時代に入った。競争至上主義・自分さえよければ思想が広がり、経済的社会的格差は拡大した。政治も経済も社会も文化すらも、人に冷たくなり、優しさを失った。その結果、社会は荒廃した。

2020年春から始まった「コロナ禍」によって、人類史上最大の危機が到来した。この中で、静かにそして深く、人に冷たい新自由主義の時代への反省の波が広がっている。

冷たい競争至上主義、「勝てば官軍負ければ賊軍」的冷酷な競争至上主義・利己主義の蔓延が、人類社会を著しく弱めたことに、気づく者が増えている。コロナ禍のなかで、人々の意識が変化し始めている。社会が変わり始め、そして政治も変わり始めている。

日本の政界において二階俊博のような心優しい政治家が、政界の最高実力者となったのは歴史の必然のように、私は感じている。国民の政治意識が変化し始めた結果でもあると思う。

二階俊博幹事長は、自民党が、田中角栄の「心優しき政治」の実践者になることをめざしている。二階俊博幹事長自民党体制がさらに長期化すれば、自民党は新自由主義の呪縛から脱して、人民大衆を愛する善なる政党としてさらに発展できるのではないか。そうなった時、自民党は真の国民政党になり、超長期政権を実現できるかもしれない。果たしてどうなるだろうか。

しかし、米英型新自由主義・競争至上主義・自分さえよければ思想のままの従来の政治を続ければ、日本の再生はおくれる。そして自民党政権は、その責任を国民から問われることになるだろう。その結果、次の衆院選で2009年8月30日の衆院選と同じような大敗北を喫することになるかもしれない。

田中角栄の「心優しき政治」を継承する二階俊博の政治が日本の政治の主流になれば、日本は、世界の中で最も尊敬される国に成長することが可能になる。二階俊博幹事長は令和時代における「心優しき政治」の推進者である。

(3) 政府与党連絡会議の運営の改善——真の議会制民主主義の確立をめざして

2020年11月16日に行われた「政府与党連絡会議」での、総理、公明党代表、自民党幹事長の三氏の発言がプレスに公開された。それまでは、公開されるのは総理と公明党代表の二人だけの発言だった。

前回の政府与党連絡会議の時、プレスへの公開が総理と公明党代表の二人だけに限られていることに対して二階俊博幹事長が再検討を求めた。加藤勝信官房長官と林幹雄自民党幹事長代理が協議した結果、総理、公明党代表、自民党幹事長の三氏の発言がプレスに公開されることになった。安倍前内閣時代の過ちを正したのである。

これは当然のことであり、大変よいことだと私は思ったが、政界ジャーナリズムは、素直に、よいことだとは受け止めていなかった。極端な場合には、「二階幹事長が豪腕にものを言わせて、強引に割り込んだ結果」であるかのような誤った印象を与える報道もあった。これは大きな間違いである。政治ジャーナリズムは、国民に真実を伝える責任があることを自覚すべきである。

安倍前内閣の時代、安倍総理の考えで政府与党連絡会議での発言は、総理と公明党代表の二人のみプレスに公開するとしていた。これは安倍前総理の強い意思だとみられていて自民党は黙認してきた。

安倍内閣から菅内閣に代わり、菅義偉総理の方針が決まっていない段階で、二階俊博幹事長は、自民党幹事長の発言まで公開するように、連絡会議の運営の改善を求めたのである。二階俊博幹事長の提案は、安倍時代の過った会議運営を修正した。連絡会議に参加した三名の発言内容をそれぞれプレス発表することは、より開かれた政治への道である。

自由民主党は結党以来65年間のうち、61年間政権の座にある。この間、自民党は、三権分立の原則に立って、行政は内閣総理大臣となる党総裁が責任を持つ、党運営と国会対策は党幹事長が全責任を負うことにした。すなわち、自民党の国会に関する責任者は党幹事長なのである。

自由民主党のトップは総裁（総理）であり、幹事長はナンバー2であるが、国会と党運営に責任を持つ幹事長と行政府の長である総理とは、三権分立の原理からすると、立法府と行政府という視点において対等でなければならない。したがって、政府与党連絡会議においては、総理と与党自民党幹事長と連立与党の公明党代表は対等でなければならない。与党連絡会議においては、三者は同格である。二階俊博幹事長の提案はきわめて妥当で議会制民主主義を実践する上で正当である。

もう一つ重要なことがある。安倍前政権の時代の特徴は、過度の「政高党低」だった。徹底した内閣主導体制が完成していて、国会は無力化され、党は政府の下部組織のような感すらあった。国会と与党と政権の正常なバランスが崩れていた。

二階俊博幹事長は、国会と与党と内閣の三者の関係のバランスの崩れを正そうとしているのである。

民主主義は分権的な政治システムである。立法・行政・司法が互いに牽制しあいながらバランスをとった政治運営を行うことが原則である。議会制民主主義は議会を中心にした政治制度である。それは、国民から直接に選挙によって選出された議員が議会を構成し、議会に国民の意思が反映されているからでもある。しかし、安倍前政権下では、権力は内閣、とくに総理官邸に集中しており、国会と党は総理官邸の下請け的存在だった。この意味において安倍前政権時代の日本の政治システムの実質的運営は歪んでいたといえよう。

この状態は議会制民主主義の正常な姿ではない。日本の政治体制は議院内閣制であり、国権の最高機関は国会である。日本国憲法は第四一条に「国会は、国権の最高機関であって、国の唯一の立法機関である。」と明確に定めている。

ここにおける「最高機関」の意味については諸説あるものの、単なる政治的呼称として憲法に文言が定められたのではなく、国民主権原理の下で、代表機関である国会に国政全般について最高責任を担うという法的意味をもたせたものと理解すべきである。現代国家が過度の行政国家となりがちな現実に対応して、国会の地位を強化し国民主権主義を実質的に具現化しようという明確な意図を日本国憲法第四一条から読み取ることができる。

この意味で、安倍前内閣時代の過度の内閣主導体制は日本国憲法の理念に合致しているとはいえないと思う。

実際的な政治運営の場面において、総理官邸が政治権力を握り、官僚の幹部人事の決定権を持っている。人事権の行使という部分で、実質的な政治権力の行使は、内閣官房長官と人事局長を兼ねる内閣官房副長官とその周辺にいる一握りの官僚ＯＢによって行われている実態がある。形式的には官邸主導は官房長官主導のように見えるが、実際は官僚出身の内閣官房副長官らの官房長官側近の官僚ＯＢが主導している。これが過度の政治主導の実態である。

こうした歪んだ政治権力行使の実情を前にして、いま為すべきことは、真の政治主導、すなわち政治運営における国民主権原理を具体化していく、真の国会主導を現実の政治運営において実現することである。「政高党低」の状況を逆転し、「党高政低」に変えなければならない。その転換への第一歩として、まず、政府と党との力関係の対等化をはかる必要がある。

二階俊博幹事長が主張して実現した政府与党連絡会議において、総理と公明党代表の二人だけでなく、自民党幹事長もプレスの前で発言することにしたのは、ほんの小さな一歩にすぎないが、「過度の政府主導・行政国家化」是正の第一歩として高く評価されるべきである。この視点から、私は、二階俊博幹事長の行動を支持する。

安倍前内閣から菅内閣への交代期における政治運営の改善は当然に必要なことであり、与党連絡会議のプレス発表に関する二階俊博幹事長の提案は、国民主権を具現化するための、小さいが、しかし意味のある第一歩として捉えるべきであろう。

政治システムを機能的に働かせるためには、過度の官邸主導による歪んだ政治体制のバランスを、正常な状態に回復する必要がある。

いま、真の国会の復権が求められている。

立法府と行政府の適切なバランスは、とくに大切である。安倍前政権時代のように過度の政府主導体制では、国会が十分に機能しない。

議会制民主主義体制の下では、国民は国会を通じて政治的意思を表明し行動する。その過程で国民主権が具現化される。国会議員は、たえず主権者たる国民の声に耳を傾け、国民の声を国政に反映させなければならないが、過度の政府主導下では、国会議員の力が十分に発揮されない。国会議員が国民の期待に応える働きができないのであれば、結果として政権も国民から離れたものとなって、国民の信を失う。

現在の日本の政治は国民から遊離していることを認めざるを得ない。このことは国民一人ひとりが強く実感していることだ。選挙での投票率は低下し、国民の政治不信は深刻化している。政治は全体主義、行政国家化の方向に傾斜している。日本の民主主義は危機的な状況にある。この状況は変えなければならない。

二階俊博幹事長は、この状況を直視し、議会の活性化に腐心して日夜、努力を続けている。この第一歩が、先に述べた政府与党連絡会議における、自民党幹事長発言の公開である。ただしこれは、ほんの小さな一歩に過ぎない。国会主導政治実現への道は遠いが、努力は続けなければならない。

今こそ議会制民主主義を実際的に回復しなければならない。日本の政権は内閣だけでなく、国会と政党の上に立つべきであり、政府与党は自民党と公明党を加えた三本の柱の上に立つべきである。

社会は同心円型よりも、楕円型の方がよいと思う。中心が二つあるからである。政治も、国会と内閣の二中心の方がよい。できれば司法も完全自立して、三極の方がよいと思う。政府与党も内閣と与党の二中心がよい。連立政権のもとでは、内閣・自民党・公明党の三極がよい。一極集中は危険である。

2　二階俊博幹事長は日本の外交力を強めるため「日本外交の多元化」をめざす

二階俊博幹事長は、政府外交を補完するため、党外交と議員外交を長年にわたって実践してきた。今も推進し続けている。

二階俊博幹事長は、ポスト・コロナの時代を見すえて日本外交の多元化をめざしている。

二階俊博幹事長は、外交活動に非常に熱心である。二階俊博幹事長は中国、韓国、ベトナム、インドネシアなど各国に多くの友人をもち、人間外交を行っているが、それだけではない。

二階俊博幹事長は目を全世界に向けている。「世界津波の日（11月5日）」を国連総会で決定する際には、自ら国連に行き、演説をしている。アメリカにも、中南米にも、中東へも行き、党外交、議員外交を展開している。

二階俊博幹事長は、なるべく早い時期に、自ら訪米したいと考えている。二階幹事長は、政府外交を補完する、もう一つの外交＝党外交を確立しようとしている。

世界各国政府や指導者たちも、二階俊博幹事長が日本のキングメーカーであり、最高実力者であることを熟知しており、二階俊博幹事長との個人的接触を求めている。

党外交、議員外交は、政府間の外交を補完する役割を担っているだけでなく、日本の国益を守る役割を果たす。政府・首脳間で解決できないことを、党外交・議員外交を通じて補完するのである。

たとえば、日本政府と中国政府との関係についていえば、あまり良好とはいえない。日本政府と外務省は米国との協調第一主義である。最近の中国の新聞を調査してみたが、中国政府は菅内閣の動きを警戒している。菅内閣は米国・英国・オーストラリア・カナダ・ニュージーランドなどと同じ立場に立って中国包囲網をつくろうとしていると見ている。中国国民の対日感情は悪化していると見なければならない。

２０２０年11月の日本とオーストラリアとの首脳会談に対して、中国政府は強い反発を示している。

中国はオーストラリアに対して強い姿勢をとり、経済関係をきびしく規制し始めている。菅内閣には、日本がオーストラリアと同じ立場に立って反中国の姿勢をとっても、中国は日本に対して、オーストラリアにたいしてとっているきびしい姿勢はとらないと見ているが、楽観的に過ぎるのではないか。私は危惧の念を抱かざるを得ない。

日本は安全保障は米国政府に依存しているが、経済関係は中国が主体である。もし中国が、反中国的態度をとり続ける日本政府に対して、オーストラリア政府に対するのと同じ対応をした時、日本経済はどうなるか。日本政府はこの時どうするか、という問題について、真剣に検討することなく反中国の姿勢をとり続けることは、あまりに幼稚であり、危険である。

日本政府の対米関係に偏重した行き方だけでは日本の国益を保つことは困難ではないかと思う。中国と協調するためには、二階外交が必要である。

外務省の米国一辺倒の姿勢では日本を守ることはできないが、これを補完し日本国民と日本経済を守っているのが、二階人間外交である。二階俊博幹事長の存在が、日本と中国との関係の破綻を止め、安定した経済関係を維持する役割を果たしているのである。

韓国政府との関係も同様である。安倍前内閣と外務省は韓国に対してきわめてきびしい姿勢をとってきた。韓国政府は日本政府との和解を求めているが、日本政府の態度は菅内閣になっても固いままである。

韓国側が非常に積極的に日本政府との和解のため努力しているが、日本政府が今のかたくなな態度を貫けば、韓国政府もいつかは反日に転換するおそれがある。この時は、激しい反日運動が起きるだろう。これは不幸なことだ。日本政府はこれ以上韓国政府を無視する態度を続けてはならない。

しかし、韓国側には一縷の希望がある。それが二階俊博幹事長の存在である。韓国側は二階俊博幹事長が、つねに「隣国とは仲よくしなければならない」と一貫して発言し続けていることを知っている。二階俊博幹事長がいる限り、日韓両国政府の和解は可能だと考えている。

いま世界情勢は大転換の真っ最中である。米国はどう動くか？　中国はどうか？　アメリカは？　中東は？——大変化が起きている。米国の動きによっては、日本に自立のチャンスが生まれるかもしれない。そうなった時は、日本は自立して生きなければならない。

自立心を持った政治家の第一人者は二階俊博幹事長である。

外交は第一義的には政府の責任で行なわなければならないが、日本政府は米国との関係で自由な外交が制約されている。これを補完し修正するのが党外交であり、議員外交である。二階人間外交の役割は、ますます大きくなっている。

議会外交にあたっては、自民党と公明党の与党協力が必要である。今後、自民党と公明党の両党の外交担当者が、共に行動するように、両党執行部に検討を求めたい。連立与党が外交においても一体化することは、大いに意義のあることだと思う。

3 「平和」、「防災減災国土強靭化」、「観光」は二階俊博の原点。日本復興への限りなき挑戦

二階俊博というすぐれた政治家の存在を私が知ったのは、いまから三十数年前、1980年代半ばだったと記憶している。その頃最も親しかった政治家は田中派幹部の奥田敬和（衆議院議員）だった。奥田敬和は私より5歳年上で、知り合ったのは田中角栄内

閣が誕生した翌年の1973年初めだった。引き合わせてくれたのは当時の自民党幹事長の橋本登美三郎（衆議院議員）だった。橋本登美三郎幹事長と奥田敬和は、ともに新聞記者出身政治家だった。私の取材活動を助けてくれた。

橋本登美三郎幹事長に私を引き合わせてくれたのは著名な政治学者の吉村正教授（早稲田大学と東海大学の教授）。吉村正教授に会わせてくれたのは、吉村正教授の息子の吉村融（当時埼玉大学教授＝哲学、その後政策大学院大学学長）だった。この吉村融教授と会わせてくれたのは社会学の清水幾太郎学習院大学教授だった。清水幾太郎教授と知り合ったのは1956年の砂川闘争においてであった。清水幾太郎教授は戦後の進歩的文化人の代表的な学者で、超著名人だった。

この世の中は、人間関係で繋がっている。人生とは人間関係の歴史である。

二階俊博と初めて会ったのは1980年代中頃、奥田敬和の政経パーティーだったと記憶している。二階俊博という政治家の名は、それ以前から知っていた。この瞬間、この人は大人物であり、将来は大成すると感じた。人相と人柄の良さ、暖かさ、素直な性格、明るさ、自然体、礼儀正しさ、頭の回転の速さ、抜群の気配り——田中角栄を無口にし、紳士にしたような政治家だと感じた。その後、注目し、観察し続けてきた。二階俊博は無理に目立とうとせず、常に国民の方を向いて博愛精神を発揮し続けてきた。二階俊博は、真の保守系の大衆政治家として活動してきた。

二階俊博と私が、親しく交際するようになったのは、1990年代半ばの阪神淡路大震災の頃からだった。

阪神淡路大震災の時、二階俊博は野党の衆議院議員だったが、被災の現場に入った最初の国会議員だった。動きは早い。被災者に寄り添い、救援に全力を尽くす姿勢に感銘を受けた。防災の著書も出版した。読んで「すごい」と思った。二階俊博は、つねに一生懸命である。とくに困っている人がいれば、飛んで行って救援にあたった。

防災は政治の最も重要な課題である。二階俊博は国会議員の中では傑出した防災のエキスパートで第一人者である。

二階俊博はそれ以前から観光振興に取り組み、観光立国を提唱する著書を出版していた。すぐれた著作だ。この著書も読んだ。日本が平和国家として存在し続けるためには、日本は平和産業である観光の振興をはかるべきだと主張していた。あれから三十年後の今、観光振興は政府の中心政策になっている。いま、コロナ禍のため観光事業は苦難の中にあるが、コロナ禍が終われば復活させなければならない。

二階俊博にとって、防災立国、観光立国は政治家としての中心テーマになった。2011年3月11日の東日本大震災以後は「防災・減災・国土強靭化」に全力で取り組んだ。この結果、「防災・減災・国土強靭化」と「観光立国論」は日本の国是となった。今では二階俊博は「ミスター強靭化」といわれる存在になっている。

もう一つ非常に重要なことがある。二階俊博は県議会議員時代から議員外交に取り組んでいた。国会議員になってからも、議員外交に非常に熱心に取り組んだ。二階俊博の先輩でもあり盟友でもあった奥田敬和は議員外交に熱心な衆議院議員だった。とくにアジア・アフリカ・中東諸国を重視していた。1980年代、衆議院の外交委員長の時には、絶えずアジア、アフリカ、中東諸国を訪問し、日本のアジア・アフリカ・中東外交を先導していた。当時、田中派議員の間では「奥ちゃん（奥田敬和の愛称）は、またアフリカへ行っているよ。地味なことをよくやるな」などと囁かれていたのを何度か耳にした。地味な議員外交は費用もかかる上、政治献金は得られない。恒久平和を守ろうとする強い平和意識と途上国国民への奉仕の精神がなければやれないことだった。二階俊博は奥田敬和と同じ考えを持ち親しかった奥田敬和によく同行していた。二階俊博も奥田敬和も共に熱烈な平和主義者である。

奥田敬和は自分自身のことはほとんど語らなかったので本人の口からは聞けなかったが、知人の話では、旧制第四高等学校を経て、陸軍士官学校に入った。終戦後に復員し、第四高等学校校長から京都大学への進学を勧められたが、奥田敬和は東大をめざした。成績優秀な奥田敬和だったが東大入試には失敗し、東大を断念し、早稲田大学政経学部に進学した。レスリングの選手にもなった。卒業後、新聞社に入社し新聞記者になった。その後、政治家に転身した。奥田敬和は強い平和意識の持ち主だった。私は社会党議員とも親しかったが、奥田敬和の平和意識は社会党員に劣らなかった。奥田敬和が私に好意的だったのは、私が学生運動をし、平和運動をしていたことを知っていたからではないか、と当時から感じていた。奥田敬和は社会党の優良議員にまさる平和主義者であり、民主主義を貫く政治家だった。

二階俊博も筋金入りの平和主義者である。

左翼系の人々は保守政治家には平和主義者はいないと思い込んでいるが、これは大間違いである。二階俊博、奥田敬和だけでなく、田中角栄も大平正芳も橋本登美三郎も江崎真澄も徹底した平和主義者だった。

二階俊博の政治家としての原点は、平和、防災・強靭化、観光である。

2020年現在、平和は危機にある。異常気象で防災も大変だ。コロナ禍で観光も危機に直面している。

これらの課題は、二階俊博が五十年以上もの間、努力に努力を重ねてきたことである。二階俊博は「平和外交」においては政界の第一人者である。同時に「防災・強靭化」、「観光」の第一人者でもある。

二階俊博は、今日まで培った経験と知恵と独特の〝勘〟を駆使して、これらの課題に挑戦しようとしている。

二階俊博は、米国で新大統領が就任したら、訪米を考えている。二階俊博がバイデン新大統領ら米国政府要人と会い、その上で中国を訪問し、習近平主席らの中国政府要人に会い、米中両国の仲介者になってほしいと私は願っている。二階俊博の出番がきたと思う。

2021年、二階俊博にとって政治家としての総決算の時期を迎えている。二階俊博は、「平和」を守るため、米中和解を推進するために行動すると私は思っている。さらに北朝鮮を訪問する決意をしている、ぜひ成し遂げてほしいことである。二階俊博は、自身の政治家としての最大の業績である「防災・減災・国土と社会の強靭化」に全力で取り組む。コロナ禍で危機に立つ「観光」の復興のために総力を注ぐだろう。さらに、来るべき経済不況への対応に全力を尽くすだろう。このため、政局の安定にも総力を結集するだろう。政治家・二階俊博の「総力結集」の努力を、私は注目し続けたい。

2021年の最大の政治課題は、衆議院議員選挙である。この衆院選には菅政権の命運がかかっている。長期政権の直後の後継内閣が行う衆院選はむずかしい選挙となる。長期政権の負の遺産が国民によって審判されるからである。しかも、安倍前総理の「さくらを見る会前夜祭」の政治資金問題が安倍前総理だけでなく、菅政権をも追いつめている。政府自民党にとって選挙情勢は甘くない。この難局をどう突破するか。選挙の天才といわれる二階俊博幹事長の手腕への期待は強い。

当面の最大課題はコロナ不況の克服である。そのあと、最も心配されているのは「コロナ大恐慌の到来」である。これを防ぐためには、大胆な経済政策をとる必要がある。この面においても二階俊博幹事長への期待は大きい。

二階俊博幹事長には、これを乗り切る能力と知恵があると私は思っている。問題は自民党全体が二階俊博幹事長のもとに団結できるか否かである。自民党の「総力結集」ができるか。――最大の注目点である。

２０２１年、日本は正面場を迎えている。とくにコロナ禍と経済不安の二大課題の解決は急務である。この国内課題の解決とともに、国際社会への対応も重要である。国際政治家である二階俊博は世界を見ている。「恒久平和の実現と人類社会の強靭化」こそ、政治家・二階俊博の究極の大テーマである。二階俊博は、この課題に勇気をもって挑戦する。

あとがき――平和と郷土愛、さらに国土強靭化とともに地球文明の強靭化をめざして

「利して利する勿《なか》れ」（周公旦）

【一】

少し長めの「あとがき」になることをお許し頂きたい。

前作の『二階俊博幹事長論』の執筆を終えてから一年が過ぎた。前作は、三十数年に及ぶ二階俊博との交流の体験の中で得た知識にもとづいて二階俊博の政治家としての生き方を軸にして執筆した。そこに記した私の二階俊博観は不変である。

ただ、前作執筆中に感じたことだが、二階俊博は、幹事長に就任して以後、人物がさらに大きくなった。これは側近たちも認めている。

今回の執筆にあたっては、幹事長就任以後の二階俊博をよく知る人々に取材した。みな

「二階先生はさらにさらに大きくなった」と語った。
「彼は昔の彼ならず」である。私は二階俊博とは長い間の付き合いなので友人気分でいたが、この態度は改めなければならないと反省している。偉大な政治家、しかも大きな歴史を創るほどの巨大な存在になった二階俊博に対し、より深い尊敬をもって接しなければならない、と反省している。今まで非礼な態度をとり続けたのではないか、機会をみて詫びなくてはならないと思っている。

本書の第一の目的は、日本の歴史を動かすことができるほどの大政治家になった二階俊博の真実の姿を国民の皆さんに知らせることにある。
「木を見て森を見ず」という格言がある。人物論を執筆する時は、いつものことだが、この格言が頭から離れない。二階俊博論を書いている今も、自分は二階俊博という巨大な森を見ずに、目の前にある木だけを見ているのではないか、これでいいのか、と反省しながら、二階俊博という偉大な森をより深く認識するための努力をしている。

二階俊博という偉大な存在に近づくために、側近といわれる政治家やジャーナリストに協力して頂いた。厚く御礼申し上げます。とくに、林幹雄自民党幹事長代理、小泉龍司自

民党国際局長（衆議院議員）、鶴保庸介参議院議員、門博文衆議院議員、中村栄三和歌山放送社長に感謝します。

【三】

私事を記すことをお許し頂きたい。私は、２０２０年の秋に八十八歳を迎えたが、若い時から八十歳でこの世とおさらばすると決めて生きてきた。ところが八十歳になっても健康状態は悪化せず、健康だった。だが、八十二歳の夏、熱中症で倒れ、救急車のお世話になった。「発見がもう一時間遅れていたら、危なかった」と医師から言われた。一ヵ月ほどで退院したが、間もなく虚血性心不全で倒れ、再び緊急入院した。家族は医師から「危篤」を告げられたが、奇蹟が起きた。幸いカテーテル挿入で回復した。入院期間は二ヵ月だった。そのあと、肺炎で三度、入院した。いずれも緊急入院だった。何回も救急車のお世話になった。申し訳ないと思っている。八十二歳から五年間、入退院を繰り返す生活だったが、２０１９年末、検査結果が健康回復を示した。もうしばらく、この世にいることになりそうである。申し訳ない気持ちである。

２０２０年初めからコロナ禍で引きこもり生活を続けてきているうちに八十八歳になった。人間はいやおうなしに終焉を迎える。今までの人生を振り返り、世話になった人々への恩返しもできないままの不甲斐ない自分自身を反省している。ただ終焉を前に今の心はおだやかである。運命に素直に従いたいという心境である。

この過程で心境に変化があった。この世に存在するすべての生あるものを、外の世界から見ているような気分になった。肉体はこの世に戻ったが、心はこの世に戻り切っていない、という状況なのだ。

一昔前までは自分自身が、この世の構成員の一人であるとの認識をもって生きてきたが、病後は心境が変わった。この世の中の出来事を外野から眺めるようになった。もうしばらく、この世のお世話になるかもしれないが、構成員の意識なく幽霊のごとく生きることになる。

政治に対する見方が変わったことも事実である。あえて言えば、病気になる前までは、政治問題をはじめ、この世で起きていることを社会の内側から見ていたが、病後は空から見ているような感じである。

こうした私自身の心理的変化は、二階俊博論にも影響している。たとえば、一昔まえまでは、田中角栄と二階俊博は同列には考えず、師と弟子とみていたが、今は違って見える。二階俊博は田中角栄と同格か、田中角栄を越えた偉大な政治家だと認識するに至っている。さらに言えば、かつては二階俊博は現在の政治家のなかで、とくに卓越した政治指導者だという認識だったが、今は歴史的な大天才だと思っている。

ナポレオンは「天才とは、己が世紀を照らすために燦くよう、あらかじめ定められている流星である」と言ったが、二階俊博は、この暗黒の世界を照らすために天から来た政治の大天才だと考えるようになった。

なぜ、二階俊博を政治の大天才だと考えるか。

第一は、二階俊博が「限りなきやさしさ」を持っていることである。私は、いままでいろいろな人々と会ってきたが、二階俊博ほどのやさしい心をもった政治家を、ほとんど知らない。その上、二階俊博は「利して利する勿れ」という周公旦の箴言を実際に実行している。「政治家は人民の利益のみをはかるため努力すべきであり、自分の利益を求めてはならない」の完全な実践者である。

第二は、二階俊博は家族を大事にしていることだ。二階俊博は両親を深く尊敬している。家族すべてを愛している。家族もみな、家長の二階俊博を深く尊敬している。政治家のほとんどが、家族を犠牲にするような無理な生活をしている。二階俊博も政治活動ファーストで生きているが、しかし、家長の限りなき家族愛と家族の家長への深い尊敬が二階家にはある。これは二階俊博の優れた人間性のたまものである。家族は人間生活の基礎である。家族が尊敬し合い信頼し合っている家族をもつことは、すぐれた政治家の大切な条件である。

第三は、二階俊博の郷土愛の深さである。二階俊博のようなベテラン議員で選挙基盤が強い政治家は、中選挙区時代のように毎週郷里へ帰るようなことはしていないが、二階俊博はどんなに忙しくても、郷里にもどり、郷土を見てまわり、郷里の人々の声を聴き続けている。郷土愛の深さという点では田中角栄と二階俊博は双璧である。

第四は、すべての人間への限りなき愛をもっていること。二階俊博は二十四時間、世のため人のために尽くすことのみを考え続けている。二階俊博は、良い意味で完全なる政治人間である。二階俊博は全人類、全国民を深く愛していると同時に、接触するすべての人々に親切である。気配りは天才的である。

第五に、二階俊博は生まれながらのリーダーである。リーダーの資質に恵まれている。集団の中にいるだけでリーダーになる。静かに座っているだけで、周囲は二階をリーダーと認める。幼少の頃から、皆がリーダーと認めるような風格の持ち主なのである。

第六は、つねに世界の恒久平和を探求し続けている。最近、二階俊博は、北朝鮮の指導者と直接会うために訪朝する意向を表明した。勇気ある発言である。米国訪問の意志も示した。つねに、世界平和を考えている。

私は、二階俊博と知り合ってから四十年近くになるが、二階は、つねに礼儀正しい最高の紳士である。乱れた態度は一度も見たことはない。聞いたこともない。他人の悪口は決して口にしない。二階は完全無欠の優れた大紳士だと私は思っている。

【三】

前著『二階俊博幹事長論』では、明治維新期以後の偉大な「ナンバー2」政治家として、勝海舟、鈴木貫太郎、三木武吉、二階俊博の四人の名をあげたが、もう一人付け加えたい。

日ソ国交樹立、日本の国連加盟を成し遂げた河野一郎である。すなわち、この150年間の日本で、歴史を創った偉大な「ナンバー2」政治家は、この五人である。

❶ 江戸城無血開城と徳川家に仕えた旗本八万騎のその後の生活の道を創った最大の功労者の勝海舟。

❷ 第二次世界大戦末期、戦争継続に固執する陸軍指導部を抑えてポツダム宣言を受諾し、第二次大戦を終わらせた鈴木貫太郎。

❸ 第二次大戦が終わった十年後の1955年に保守勢力を合同させた三木武吉。

❹ 1956年にソ連と交渉し、日ソ共同宣言を調印し、日ソ国交を樹立し、日本を国連に加入させた河野一郎。

❺ 2012年に野田佳彦民主党政権が、中国政府の強い反対を無視して尖閣諸島の国有化を閣議決定したことによって生じた日中関係の軍事衝突の危機を解決し、新しい日中友好時代を築いた二階俊博。このほか二階俊博は「世界津波の日」制定、「防災減災国土強靭化基本法」の制定、観光立国を国是としたことなど数々の貢献をしている。そしていま、「地球文明の強靭化」という世界中の課題に挑戦しようとしている

ことも、評価するところである。

この五人は、「ナンバー2」でありながら、「ナンバー1」以上の大活躍をし歴史を自ら創った政治家である。

この五大「ナンバー2」は、全員が筋金入りの平和主義者であった。重ねて記すが、平和を守ることは政治家の第一義的責任である。
❶ 勝海舟は、江戸城無血開城によって江戸町民の生命を守っただけでなく、日本国内での動乱を機に日本を欧米列強の植民地にしようとした英国、フランスの植民地主義者の策謀を阻止した。
❷ 鈴木貫太郎は、平和を強く希求した昭和天皇の補佐役の役割を果たし、第二次大戦を終わらせ、平和の時代への道を開いた。
❸ 三木武吉は、戦前から戦後の十年間を通じて対立抗争を繰り返してきた保守勢力を合同させ、自民党を創立し、これによって保守勢力を一本化し、戦後の復興・経済成長を達成する土台を創った。
❹ 河野一郎は、日ソ国交樹立と国連加盟を実現し、平和国家日本の国際社会への復帰

を実現した。

❺ 二階俊博は、野田佳彦民主党政権が破壊した日中友好関係を再建し、日中友好新時代を築き、日本と中国との対立を策する右翼勢力の策謀を抑えて日中関係が悪化しないように頑張っている。そしてアジアの平和のため努力に努力を重ねている。そして、いま、北朝鮮を訪問し、アジアの平和を実現しようとしている。

五大「ナンバー2」の全員が徹底した平和主義者で、日本の平和を守ったのである。二階俊博は平成時代初期から令和時代初期の代表的な平和の政治家である。

【四】

前著『二階俊博幹事長論』でも述べたが、第二次大戦後の政治の三大天才は、三木武吉、田中角栄、二階俊博の三氏である。私は、三木武吉は、仙人のごとき姿を国会内で一度見ただけだが、田中角栄は数回、直接、取材した。二階俊博とは、この四十年間、親しく交際させていただいた。この三大天才には、三つの共通する特徴がある。

第一は「政治の術」に熟達している。19世紀ドイツの政治指導者のビスマルクは「政治は科学ではなくて術である」と言ったが、この「政治の術」の心得があるか否かは、天才と凡庸な政治家とを分ける境界である。三氏の「術」は世に言うマキャベリズムとは違う。三人の術は、人間愛を実現するための卓越した知恵である。

第二は、独特の「閃き」「霊感」「勘」を持っている。エジソンは「天才とは99％の発汗であり、残りの1％が霊感である」と言ったが、政治の分野でも同じである。政治の天才は、人一倍努力するとともに「霊感」をもっている。これは独特の「閃き」であり、「勘」である。三木武吉、田中角栄にはこれがあった。二階俊博も持っている。

第三は、人の心の中を読む能力を持っている。読心術を心得ているのだ。かつて、三木武吉は、目を付けた政治家は必ず味方にした。三木武吉には神通力がある、と言われた。三木武吉の書生が、三木武吉の卓越した読心術と人心掌握術の秘密を何度も質問したが三木武吉は答えなかった。しかし、この世を去る直前に、質問に答えて「相手が本当に欲していることが何か知ることができれば、道は開かれる」とポツリと語ったという。私はその書生から聞いた。三木武吉には人の心を読む能力があった。この能力は田中角栄にもあった。二階俊博にもある。

なお、この大天才には、もう二つ付け加えるべき要素がある。一つはつねに世界を見ていること、二つはつねに未来を見ていることである。

【五】

2021年、世界は大きく変わるだろう。その中で日本はどう生きるべきか、政治の役割は果てしなく大きい。私は、今こそ、経験あるベテラン政治家の出番であると思う。第一人者は二階俊博幹事長である。

菅義偉総理は、加藤勝信官房長官、河野太郎国務大臣、平井卓也国務大臣、武田良太総務大臣、小泉進次郎環境大臣、梶山弘志経産大臣ら若手政治家の力で、2021年の政治課題に対応しようとしているように見えるが、この陣容で現代の日本が直面している国難を乗り切ることができるとすれば、それは奇蹟であろう。いまはベテランの知恵が必要である。菅義偉総理がベテラン政治家をないがしろにしたとしたら、悲惨な結果に終わるであろう。

また菅総理は、竹中平蔵ら新自由主義革命の推進者たちに頼ろうとしているように見えるが、新自由主義は、すでに挫折した過去の悪い遺産にすぎない。本気だとすれば、あぶないと思う。これでは過ちを繰り返すようなものである。

２０２１年以後の大変動期に対応するためには、経験豊富なベテラン政治家の知恵の力が必要である。

菅総理は、謙虚になり、二階俊博幹事長らベテランに政治の指導を仰ぐのが賢明なやり方だと思う。

大切なことは、すべての知恵ある幹部が力を合わせること、すなわち「総力結集」である。

戦後の政治史を振り返ってみると、いくつかの段階を経て今日に至っている。

第一期は、１９４５〜１９５５年。最大の特徴は二つの保守政党と社会党の三党制。

第二期は55年体制。強大な政権党の自民党と社会党の二党制。万年与党と万年野党の対決時代だった。

第三期は小選挙区制を導入して以後の保守二党制。自民党は変わらなかったが、野党の側は変わり続けた。新進党、民主党、民進党、希望の党、立憲民主党と、変わり続けてきた。この間、一度だけ民主党が政権をとったことがあった。２００９年から２０１２年までの3年3ヵ月間であるが、２０１２年の衆院選で民主党政権は大敗北し、自民党政権が復活した。

55年体制の一翼を担った社会党は社会民主主義を基本理念とする政党だった。社会民主主義は西欧で生まれた思想である。共産主義も同様である。社会主義・共産主義を信奉する政党は、西欧思想に基礎を置いている。革新政党においては東洋思想を信奉する政治家は、いたとしても非常に少ない。

これに対し、保守政党の党員の中には、東洋思想の信奉者は少なくない。もちろん西洋の保守思想の信奉者もいる。保守政党は多様な人材によって構成されている。

１９７０年代の中頃、約3年間かけて、私は全国各地を回り、草の根の人々の政治意識と思想状況を調査したことがある。

地方では革新陣営の人々は、労働組合員と社会主義思想の信奉者がほとんどだった。キリスト教社会主義者もいた。労働組合は西欧社会の産物であり、社会民主主義の産物でもある。社会主義者たちは、日本国民を西洋思想で洗脳しようと努力していた。

これに対し、自民党の草の根の支持者たちは、ほとんどが日本の草の根に根づいた東洋思想の信奉者だった。仏教徒が最大の多数派だった。地方リーダーのなかには、孔子の信奉者もいた。神道と道教の信奉者もいた。

日本社会に根づいた東洋思想の基礎にあるのは、神道、仏教、儒教、道教である。これらの思想は、すでに溶け合っていて、区別がなくなっている。中国において儒教、道教、仏教は古代から溶け合っていた。溶け合った思想が日本に入ってきて、神道とも融合した。もともと仏教と道教は似ているし、神道と道教も非常に似ている。

いま、自民党と公明党が連立政権を組んでいる。非常にうまが合っている。自民党と公明党の選挙協力もうまくいっている。こうなっているのは、自民党も公明党も、ともに東洋思想を基礎にしているからではないか、と私は思っている。

自民党と社会党が対立して融和しなかったのは、根本思想に違いがあったことにも一因があると思う。

今の野党第一党の立憲民主党の大多数はもと自民党員か自民党シンパであった。ただし、保守といっても西欧保守に近い。小選挙区制の導入に熱心だった小沢一郎らは、イギリス・アメリカの政治への憧れの強い政治家だった。新自由主義の推進者にも米国に憧れていた政治家が多かった。

戦後政治において55年体制の一翼を担った社会党は事実上滅んだが、これは西欧思想の社会主義が日本国民に受け入れられなかったことが一因であった。

自公連立政権が安定しているのは、両党の基礎に東洋思想（自民党は諸々の東洋思想、公明党は法華経・日蓮の仏教）があるからである。

立憲民主党が、日本国民のなかに強い基礎を持つためには、東洋思想を理解しなければならない。今の中途半端な体質では、自公連立政権がよほど大きな失敗をするか、分裂しない限りは立憲民主党の政権への道は遠いと思う。

二階俊博の出身地の和歌山には神道の聖地でもある熊野古道と熊野神宮がある。また仏教の聖地である高野山がある。紀伊半島はアジアに開かれていて、アジア諸国の諸々の文化、宗教、思想が入ってきた。これらが和歌山の地で溶け合っている。二階俊博は、これらの文化、宗教、思想を知り尽くしている。二階俊博は「ミスター和歌山」というべき政治家である。

二階俊博が背負う当面の政治課題は、コロナ禍の克服、米中関係を正常化させるための仲介役の役割を果たすこと、アジアの平和を築くこと、北朝鮮と対話し拉致問題を解決すること、日本国民の生活安定と経済の安定成長を実現すること、日本を道徳的に高い国にする、防災減災国土強靭化を実現すること、観光事業を確立する、失業者をなくすこと――など重要課題が数多くある。

なかでも東洋と西洋の和解という大きな課題は二階俊博でなければできないことかもしれない。この歴史的大事業にも挑戦してほしいと私は願う。

二階俊博のこの十年間の最大の業績の一つは「国土強靭化」を日本政治の中心にすえたことであるが、今後はハードのみの強靭化だけでなくソフトの強靭化に取り組まなければならない。私はこれを「地球文明の強靭化」と表現する。「地球文明の強靭化」こそが二階俊博の新たな課題であると思う。

本書のなかで、何回も繰り返して述べてきたが、深い郷土愛と国際的視野と未来思考をもつ天才政治家・二階俊博の究極の政治目標は、「恒久平和の達成と地球文明の強靭化」である。平和で強くしなやかでやさしさのある人類社会を築くことが政治の究極の目的である。二階俊博幹事長のご奮闘を期待する。

なお、本書出版にあたり、多くの方々のお世話になった。取材に快くご協力いただいた皆さん、編集・原稿整理を担当してくれた人たち、そして前著『二階俊博幹事長論』『志帥会の挑戦』に引き続き拙著を刊行していただいた論創社の皆さんに、心より感謝します。

天才政治家二階俊博には、世界の恒久平和のため、地球文明強靭化のために、偉大な母・二階菊枝女史以上に長生きをして、少なくとももう十年、人類のため日本国民のために働いてほしいとの願いをこめて筆を措く。

2021年5月吉日

森田　実

森田 実（もりた・みのる）

1932年、静岡県伊東市生まれ。東京大学工学部卒業。日本評論社出版部長、『経済セミナー』編集長などを経て、1973年に政治評論家として独立。テレビ・ラジオ・著述・講演活動など多方面で活躍。中国・山東大学名誉教授、東日本国際大学客員教授、東日本国際大学「森田実地球文明研究所」所長。著書に『志帥会の挑戦』『公共事業必要論』『二階俊博幹事長論』『森田実の言わねばならぬ 名言123選』『一期一縁』など多数。インターネット facebook にて随時論攷を発表している。

二階俊博の新たな挑戦

2021年6月20日 初版第1刷印刷
2021年6月30日 初版第1刷発行

著 者 森田 実
発行者 森下紀夫
発行所 論 創 社
東京都千代田区神田神保町 2-23 北井ビル
tel. 03（3264）5254 fax. 03（3264）5232 web. https://www.ronso.co.jp/
振替口座 00160-1-155266
装幀／宗利淳一
印刷・製本／中央精版印刷 組版／フレックスアート
ISBN978-4-8460-2062-0